Prévenir la discrimination à l'embauche

Éditions d'Organisation
Groupe Eyrolles
61, bd Saint-Germain
75240 Paris cedex 05

www.editions-organisation.com
www.editions-eyrolles.com

Alain Gavand

Prévenir
la discrimination à l'embauche

Pourquoi et comment agir ?

**Éditions
d'Organisation**

*« Désormais, les identités ne se définiront plus par des origines,
mais par des trajectoires. »*

Michel FOUCAULT

Remerciements

Sylvain Côme,
  Délégué général d'Éthique et Recrutement

Alexandra Palt,
  Directrice de la Promotion de l'Égalité de la HALDE

Carole Da Silva,
  Directrice de l'Afip

Samuel Thomas,
  Vice-président de SOS Racisme

Valérie Combette-Javault,
  consultante cabinet Alain Gavand Consultants

Sommaire

Partie 2

Comment agir ?

Préface
de Hervé Sérieyx[1]

En peu de mois, dans le champ du travail, l'avalanche législative et réglementaire a précipité son cours : élargissement considérable du mandat des sociétés d'intérim, accroissement des possibilités offertes au travail en temps partagé, coup de pouce aux Groupements d'employeurs, titre Emploi Entreprise pour les salariés occasionnels, contrats spécifiques pour les seniors, modification du régime applicable aux personnes handicapées, possibilités nouvelles offertes aux retraités pour poursuivre une activité, Chèque emploi service universel, CNE, sans compter le défunt CPE...

Tout laisse à penser que ce grand chambardement n'en est qu'à ses débuts : les mesures en préparation liées au télétravail, au contrat de travail unique, à l'immigration choisie, tout comme les incidences que l'on peut attendre de la mise en œuvre de la directive Bolkestein dans sa nouvelle version vont certainement contribuer à bouleverser considérablement le paysage du travail dans ce qu'il avait pour nous de familier.

Ce vaste chamboulement n'est évidemment pas dû au hasard : il ne fait que commencer à traduire l'écart croissant entre un droit du travail construit au temps de l'économie de manufacture, de l'entreprise patri-

---

1. Président de la Fédération française des groupements d'employeurs. Outre sa carrière en tant que dirigeant, consultant, enseignant et auteurs d'ouvrages majeurs dans le domaine du management, il a été Délégué interministériel à l'insertion des jeunes (en 1997 et 1998).

moniale, des communications lentes et du marché hexagonal, et les nouvelles règles du jeu dont nous allons avoir besoin dès lors que prévalent de plus en plus, à l'échelle de la planète, l'économie de cerveaufacture, l'entreprise éclatée, Internet et le marché-monde.

Dans ce tohu-bohu d'incertitudes, le tropisme naturel des dirigeants risque de les conduire à ne plus recruter que des collaborateurs « aux normes » et les clones de ceux qui constituent déjà leurs effectifs, afin de se garantir contre toute mauvaise surprise et d'éviter qu'à l'imprévisibilité de l'environnement externe ne s'ajoutent, en interne, des problèmes de personnel non maîtrisables.

C'est maintenant que l'on va voir si, en France, le modèle républicain est autre chose qu'une idéologie de bazar pour discours électoraux ou si l'égalité des chances constitue pour les décideurs économiques, sociaux et politiques une cause suffisamment haute pour qu'ils acceptent de dépasser les simples recrutements à l'identique et veuillent courir le beau risque de la diversité.

D'ailleurs, Alain Gavand, l'un des praticiens les plus reconnus de sa profession, le souligne dans ce livre qui est à la fois un témoignage de convictions et de méthodes : dans un monde où toutes les organisations vont devoir affronter des environnements inattendus, variés et changeants, le vrai risque serait de vouloir aborder l'avenir avec des équipes monocolores et en tout point conformes aux équipes anciennes. Savoir diversifier ses recrutements pour assurer une vraie diversité de ses collaborateurs va devenir un véritable enjeu d'efficacité pour des entreprises confrontées à des défis toujours plus complexes.

D'ores et déjà, les raisons pragmatiques de s'engager sur cette voie sont bien comprises par un nombre croissant de décideurs ; Alain Gavand les résume dans son ouvrage. Il y a d'abord le souhait commun à de nombreux chefs d'entreprise d'assumer un engagement socialement responsable ; outre sa dimension citoyenne, cet engagement traduit aussi un constat lucide : une entreprise ne saurait être durablement compétitive dans un environnement sociétalement dégradé. Il y a aussi le désir de répondre aux désirs de clients qui peuvent légitimement s'attendre à rencontrer dans l'entreprise à laquelle ils s'adressent des interlocuteurs qui leur ressemblent et qui les comprennent. Il y a également, bien sûr, la nécessité de faire face à la pénurie de compétences, annoncées pour les années qui viennent, et qui va requérir l'appel à tous les talents disponibles. Il y a surtout le passage de l'ère de la manufacture à celle de la cerveau-facture qui suppose un effort permanent pour maximiser « l'intelligence ajoutée » collective des équipes, et donc la variété des personnes qui les composent.

Dans son livre, Alain Gavand ne se contente pas de décrire l'état actuel des discriminations à l'embauche dans notre pays, la situation à cet égard des minorités visibles, des seniors, des femmes et des handicapés, les raisons multiples d'évoluer en ce domaine, le cadre juridique dans lequel se situe cette évolution et les initiatives qui d'ores et déjà en ouvrent la voie ; son ouvrage est un « livre-action » à la fois parce qu'il amène le lecteur à se situer face à la problématique de l'égalité des chances et parce qu'il propose une politique hardie et concrète pour promouvoir une politique de recrutement plus ouverte, plus diversifiée, plus ambitieuse, permettant effectivement à chacun de « jouer sa chance ».

À un moment clé de l'histoire de notre pays où chacun ressent bien le péril que nous pourrions courir en laissant s'accroître ce qu'Edgar Morin nomme notre « déliaison » sociale, Alain Gavand nous offre, avec ces pages, l'occasion d'une prise de conscience et d'un sursaut conjuguant réflexion et pratique : une opportunité féconde et roborative à ne pas laisser passer.

Introduction

Les discriminations remettent en cause les bases même de notre société fondée sur l'égalité et le respect des droits de l'homme. Chacun peut contribuer individuellement à la construction d'une société plus juste, en portant un nouveau regard sur l'autre, sur sa différence. Il ne s'agit pas d'un sujet extérieur à nous-même. Il nous concerne et, en tant que citoyen, nous devons œuvrer pour que cette égalité tant affirmée par nos institutions républicaines ne soit pas qu'une chimère. Cette inégalité est bien souvent ignorée ou bafouée dans la vie de tous les jours, lors de l'accès au logement, à l'école ou dans le monde de l'entreprise...

Ouvrons les yeux ! La discrimination à l'embauche existe. Nul ne peut le nier et toutes les études, notamment les opérations de *testing* démontrent qu'un candidat avec un nom à consonance maghrébine, de sexe féminin, âgé de plus de 50 ans ou porteur d'un handicap ne fait pas l'objet d'un traitement égal. Il a moins de chances d'être reçu en entretien et d'être embauché. Ce constat est difficile à admettre pour un recruteur, un dirigeant d'entreprise, un manager ou un directeur des ressources humaines. Le récent rapport annuel de la Haute Autorité de lutte contre les discriminations et pour l'Égalité (HALDE) ne fait-il pas état de 2 000 plaintes au cours de l'année 2005, dont plus de 45 % dans le domaine de l'emploi ?[1]

---

1. Haute Autorité de Lutte contre les Discriminations et pour l'Égalité, rapport annuel 2005, La Documentation Française, 2006.

Il est certain que l'entreprise ne peut plus prospérer sans prendre en compte son environnement. Depuis ces dernières décennies, elle doit davantage assumer sa responsabilité sociale, par engagement citoyen, mais aussi pour répondre à la pression des salariés, des consommateurs, des investisseurs ou de la société civile. Dans cette logique de développement durable, de responsabilité sociale ou de performance globale, la non-discrimination occupe une place centrale. Au-delà des considérations éthiques, l'entreprise a tout à gagner en ouvrant ses critères de recrutements, d'une part parce que la diversité est source de performance des équipes et génère plus de créativité et d'écoute ; et d'autre part parce que l'entreprise, en puisant dans un vivier moins restreint de candidats, augmente ses chances de trouver les bonnes compétences. C'est un enjeu d'autant plus crucial que nous savons, grâce à des études prospectives, notamment celles du Commissariat général du Plan, que les pénuries sont annoncées au cours des dix prochaines années en raison du départ à la retraite des papy-boomers. À cela s'ajoute que l'entreprise, susceptible d'être accusée de discrimination, ne peut plus ignorer le risque juridique et de réputation qu'elle encourt.

Une fois dressés l'état des lieux et les enjeux pour l'entreprise, comment agir ?

Le premier engagement est d'abord celui de la direction ; c'est à elle de donner le cap vers plus de diversité, de faire de la collectivité qu'elle anime un lieu d'ouverture et d'enrichissement à la différence.

Aux partenaires sociaux, il reviendra d'en faire un des sujets majeurs de la défense des salariés, pour que les droits des personnes discriminées soient respectés. Il leur faudra engager des négociations pour que se concluent de nouveaux accords d'entreprise relatifs à la diversité.

Pour les directions des ressources humaines et pour les managers, il conviendra de comprendre les mécanismes discriminatoires, et notamment les stéréotypes en œuvre... et de les déjouer. Il faudra rappeler les « fondamentaux » d'une opération de recrutement, à savoir que l'objec-

tif d'un recrutement est de rechercher la compétence... Et rien d'autre !
C'est aux services ressources humaines que reviendra la lourde responsabilité de la mise en œuvre de la politique diversité. Il sera nécessaire de
réviser les procédures, ouvrir les canaux de recherche de candidats et ne
plus les limiter aux écoles les plus prestigieuses, ne pas se cantonner aux
médias les plus classiques et aller à la rencontre de ceux qui sont
jusqu'alors discriminés ; leur adresser un message pour qu'ils s'autorisent à ouvrir les portes de l'entreprise. Mais à ce stade, si nous ne changeons pas nos schémas classiques de sélection, notamment lorsque nous
définissons nos critères d'évaluation ou lors des entretiens, nos efforts
seront vains. De même, la refonte de nos politiques de mobilité et de
promotion interne est un des chantiers majeurs des années à venir : à
quoi bon ouvrir nos portes à plus de diversité si nous n'offrons qu'un
plafond de verre comme unique perspective ? Traiter la discrimination à
l'embauche engendre nécessairement une réflexion plus globale en
matière de ressources humaines dans l'entreprise.

Et si tout cela n'était qu'un beau discours ?

Alors, l'inquiétude est justifiée. C'est pour cette raison que l'entreprise
doit rendre compte à la société et à ses acteurs externes. Elle doit surtout se doter d'indicateurs et d'outils de mesure (*auto-testing*, audits...)
et présenter les moyens engagés en matière de lutte contre les discriminations.

L'objectif de cet ouvrage est d'apporter un éclairage sur la question des
discriminations et des réponses concrètes en présentant des bonnes
pratiques ainsi que des repères méthodologiques. Suis-je légitime à
écrire un livre sur le thème de la discrimination à l'embauche ? Après
tout, je n'appartiens pas aux minorités visibles : un homme, qui n'a pas
encore atteint l'âge des seniors et qui n'est pas issu de l'immigration !
La défense de l'égalité des chances ne revient pas qu'aux seules personnes discriminées. Je veux leur adresser un message et leur dire que nous
commençons à être nombreux à vouloir changer nos pratiques d'entreprise. En tant que citoyen, je veux être fier de mon pays où chacun a

l'assurance que ses talents lui permettent de trouver sa place. En tant que chef d'entreprise, je veux être fier que tous les salariés s'y accomplissent. En tant que recruteur, je veux être fier d'offrir à chacun l'opportunité qui lui convient, quels que soit sa couleur, son âge, son sexe ou un éventuel handicap.

Partie 1

Discrimination à l'embauche : ouvrir les yeux

Agir contre les discriminations à l'embauche implique de reconnaître préalablement le fait discriminatoire dans les entreprises. Et cela n'est plus, aujourd'hui, de l'ordre du débat d'opinion. En effet, toutes les études disponibles à ce jour dressent un état des lieux inacceptable, qui, certes, doit s'inscrire dans un contexte plus général de la société française.

Encore faut-il savoir de quoi nous parlons ! Le sujet est extrêmement passionnel et les confusions sémantiques plus ou moins volontaires ne sont pas anodines. Elles expriment des choix philosophiques, politiques et de société. Discrimination, égalité des chances, diversité, discrimination positive, quotas, autant d'expressions qu'il convient de bien comprendre avant d'amorcer des solutions. Tout autant, il importe d'analyser les raisons des pratiques discriminatoires.

Est-il légitime de poser la question de la responsabilité de l'entreprise dans ce domaine ? Assurément. Bien évidemment, l'entreprise ne doit pas être accusée de tous les maux, et tous les acteurs, qu'ils soient du monde politique, de l'éducation, de la société civile doivent s'impliquer. À son niveau, elle peut jouer un rôle citoyen déterminant dans l'éradication de la discrimination car elle constitue un formidable lieu d'intégration sociale et parce que l'exclusion du monde du travail prive tous ces « outsiders » d'une place, d'un rôle dans notre pays. Le vent tourne et des acteurs du monde économique, tels que l'Institut Montaigne, l'association des DRH (ANDCP) ou le Centre des jeunes dirigeants d'entreprise (CJD) prennent la parole à ce sujet et veulent agir contre les discriminations.

Loin de faire le procès de l'entreprise, la question de la discrimination peut aussi être formulée autrement : et si l'entreprise avait « à gagner » en faisant de la diversité une richesse ? En premier lieu, l'entreprise sera plus performante par la diversité de ses équipes et la proximité de ses clients. En deuxième lieu, elle résoudra une partie de ses difficultés de recrutement en élargissant ses viviers de recherche de candidats et anticipera les pénuries de compétences à venir.

Enfin, chaque chef d'entreprise doit être informé des risques encourus, à la fois sur le plan de sa réputation et sur le plan juridique. Les dirigeants, les managers et les services ressources humaines doivent connaître les obligations juridiques et les faire respecter.

Chapitre 1

Un état des lieux accablant :
mieux vaut s'appeler Julien que Rachida

Discrimination à l'embauche :
une prise de conscience récente

Lorsque nous évoquons la discrimination à l'embauche, de nombreux dirigeants et professionnels des ressources humaines objectent encore : « *C'est un problème de compétence. Nous souhaiterions recruter des femmes ingénieurs, mais nous n'en trouvons pas... Les personnes issues de l'immigration ? Nous serions tout à fait disposés à les embaucher, mais elles n'ont ni l'aisance verbale, ni la culture...* » Doit-on comprendre que toutes les femmes effectuent des études de lettre ou de psychologie et que tous les Maghrébins s'expriment en verlan ?

Quand nous parlons de discrimination à l'embauche, les recruteurs se défendent : « *Nous ne la pratiquons pas dans notre entreprise.* » Jusqu'ici, l'information n'était pas disponible, de telle sorte qu'il était impossible de se référer à autre chose qu'aux revendications répétées des exclus et à l'amertume de phrases telles que : « *Quand tu viens de la cité, on ne regarde même pas ton CV !* » Et, sans doute, personne ne pouvait admettre qu'il discrimine, tant il s'agit d'un aveu difficile, désagréable et honteux : « *Ce n'est pas moi, ce sont mes clients qui ne veulent pas travailler avec des femmes, des Maghrébins, des handicapés, des seniors... Je ne rejette pas telle catégorie de personnel, c'est la culture de l'entreprise de ne pas employer ces profils à ce poste...* »

Ce déni a contribué à ce que le monde des entreprises françaises ne se saisisse que tardivement du problème, malgré un cadre législatif très abondant. Le pays de l'égalité républicaine donne plus de chances d'accéder dans les meilleures conditions au marché du travail à celui qui est un homme blanc, la trentaine, habitant les beaux quartiers...

Chefs d'entreprise, recruteurs, managers, politiques, citoyens, ne faut-il pas s'interroger sur le constat qu'un jeune issu de l'immigration algérienne est quatre fois plus au chômage qu'un jeune Français « de souche » ? Comment légitimer le fait qu'un handicapé actif sur quatre soit demandeur d'emploi ou que les personnes de plus de 50 ans ne soient que 6,4 % des personnes recrutées, alors qu'elles représentent un quart des actifs ? Comment justifier que les femmes ne représentent qu'une part infime des cadres dirigeants et qu'elles occupent davantage d'emplois peu qualifiés et précaires ou qu'elles soient moins bien rémunérées en moyenne que les hommes ?

Si les entreprises ont longtemps pratiqué la politique de l'autruche, il n'en est pas de même de la part de l'opinion publique. Selon un récent sondage[1], les difficultés à l'embauche des minorités visibles ne surprennent plus personne :

- 85 % des personnes sondées pensent que les personnes maghrébines ou d'origine africaine sont confrontées à des difficultés à l'embauche ;

- Trois quarts des personnes estiment que les candidats ayant un nom à consonance étrangère ont plus de difficultés à être embauchés ;

- De même, 89 % des personnes sondées estiment qu'une personne handicapée physiquement aura davantage de difficultés à être recrutée ;

---

1. Sondage de l'Institut CSA, Rapport de la Commission nationale consultative des droits de l'homme, 2005, Paris, La Documentation Française, 2006.

* 93 % des Français considèrent qu'une personne de plus de 50 ans aura des difficultés à être embauchée.

Aujourd'hui, à moins de faire preuve de malhonnêteté intellectuelle, il n'est plus possible de nier la réalité de la discrimination à l'embauche. En effet, nous disposons de nombreuses études, qu'elles soient issues d'opérations de *testing* ou d'analyses effectuées par des organismes tels que l'INSEE, l'INED, le ministère de l'Emploi ou l'ANPE…

Le *testing* apporte la preuve de la discrimination à l'embauche

Le sociologue Jean-François Amadieu, de l'Observatoire des discriminations de l'université Paris I, a mené, en 2004, et pour la première fois en France, une opération de *testing* d'envergure. Cette méthode, qui consiste à reproduire artificiellement une situation propice à la discrimination pour observer comment réagit une structure soupçonnée de pratiquer des « préférences coupables », aurait été inventée à Paris en 1939. Des étudiants antillais refusés dans une boîte de nuit du quartier latin décidèrent de vérifier si ce rejet était réellement dû à leur couleur de peau. Pour cela, ils envoyèrent successivement des couples blancs et noirs. Rapportée par un journal américain, la méthode connut un vif succès aux États-Unis et en Grande-Bretagne avant d'être réimportée en France dans les années 1990 par le MRAP et SOS Racisme.

Aujourd'hui, le *testing* est officiellement reconnu comme une arme de lutte contre les discriminations ; en 2002 la Cour de Cassation avait jugé que le *testing* pouvait être utilisé comme mode de preuve en justice et il vient d'être entériné par la loi pour l'égalité des chances en 2006.

L'opération met en lumière les pratiques d'entreprises lors de la sélection de CV dans le cadre d'un recrutement[1]. Sept CV ne différant que par une caractéristique ont été conçus en réponse à une même offre d'emploi à un poste commercial : 1 806 CV fictifs ont été envoyés, en réponse à 258 offres d'emploi.

Les caractéristiques des CV étaient les suivantes :

- CV dit « de référence » : homme, de nom et prénom français, résidant à Paris, blanc de peau et d'apparence standard ;

- Six autres candidatures équivalent en termes de compétences et qui différaient par le critère suivant :
  - femme,
  - nom et prénom maghrébin (Maroc),
  - résidant au Val Fourré à Mantes-la-Jolie,
  - visage disgracieux,
  - âgé de 50 ans,
  - porteur d'un handicap.

Les résultats de l'étude ont produit un véritable électrochoc en France, incitant de nombreuses associations et entreprises à agir.

---

1. Jean-François Amadieu, « Enquête testing sur CV », ADIA/Paris I, Observatoire des discriminations, mai 2004 (http:// Cergos univ-paris1.fr/observatoiredesdiscriminationsfd.htm).

Total de réponses par variables

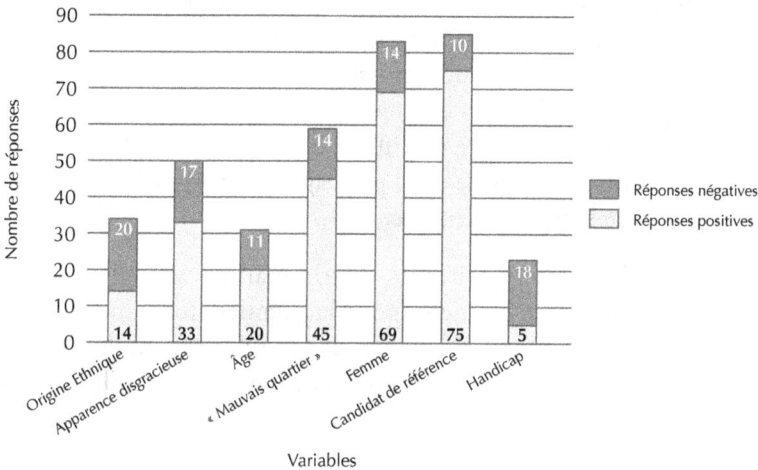

La comparaison des réponses positives, c'est-à-dire la convocation à un entretien d'embauche, révèle que :

- Le CV de référence a reçu 75 réponses positives ;
- Le CV du senior en a reçu 4 fois moins ;
- Le CV de l'homme d'origine marocaine, 5 fois moins ;
- Le CV de l'homme porteur d'un handicap et faisant mention de ce handicap a reçu 15 fois moins de réponses positives ;
- Quant à l'homme au visage disgracieux et le candidat habitant un quartier sensible, ils ont également reçu moins de réponses favorables.

Ainsi, Jean-François Amadieu apporte une preuve irréfutable des pratiques discriminatoires des entreprises. Alors que ces candidatures n'ont franchi que la première étape du tri de CV, nous pouvons imaginer le résultat en fin de chaîne du processus de recrutement, une fois surmontées toutes les étapes de la sélection...

De surcroît, cette expérience ne restitue pas toute l'ampleur du phénomène, puisque les candidats avaient été choisis « à compétence égale ». Or, les populations discriminées le sont à tous les niveaux, et notamment à celui de l'accès à l'éducation, aux premiers stages... Il est moins facile, on le sait, pour un étudiant issu de l'immigration, d'accéder aux formations d'élites. Établir ce constat ne dispense pas d'agir à son niveau. Et il est de la responsabilité de chacun de corriger ce segment du processus discriminatoire où il peut agir, en n'aggravant pas les discriminations de l'étape précédente.

Les travaux de l'Observatoire des discriminations sont d'autant plus importants qu'ils nous donnent, pour la première fois, une mesure de l'étendue du phénomène. C'est l'étude de référence dont se servent toutes les associations de lutte contre les discriminations. Elle complète les données statistiques disponibles à ce jour (voir encadré ci-après)

La discrimination à l'embauche en France : les chiffres

Les femmes : l'inégalité persiste[1]

Ségrégation horizontale ou la paroi de verre

Plus de la moitié des emplois occupés par les femmes (51,6 %) sont concentrés dans 10 des 84 familles professionnelles ; la concentration des emplois est manifeste dans certains métiers des services, de l'éducation et de l'action sanitaire et sociale.

---

1. « Chiffres clés de l'égalité entre les femmes et les hommes », Ministère de l'Emploi, de la Cohésion sociale et du Logement et ministère délégué à la Cohésion sociale et à la Parité, 2005.

▶▶▶

Ségrégation verticale ou le plafond de verre

Les femmes ne représentent que 26 % des postes d'encadrement des entreprises privées, alors qu'elles représentent 46 % de la population active.

Elles n'occupent que 17,1 % des postes de dirigeants salariés (PDG, DG, ou gérante).

Précarité et inégalité salariale

Le travail à temps partiel concerne surtout les femmes puisqu'en 2004, 30,1 % des femmes occupaient un emploi à temps partiel contre 5,3 % des hommes.

Un temps partiel pas toujours choisi : les femmes salariées à temps partiel sont quatre fois plus nombreuses que les hommes à déclarer rechercher un temps complet ou souhaiter travailler davantage.

Le taux de chômage atteint 11,1 % pour les femmes et 9 % pour les hommes.

L'écart de salaire entre les hommes et les femmes est de 21 % en 2003 (calculé par rapport à la rémunération médiane et incluant l'effet du temps partiel plus fréquent parmi les femmes) ; il est de 11 % si on ne s'intéresse qu'aux salariés à temps complet. Depuis 7 ans, ces écarts ont peu évolué.

Les jeunes issus de l'immigration ont plus de risque d'être chômeurs[1]

Pour des jeunes de 20 à 29 ans, le taux de chômage diffère selon l'origine des parents :

- Ceux dont les parents sont nés en Algérie connaissent un taux de chômage de 42 % ;
- Ceux dont les parents sont nés au Portugal ou en Espagne ont un taux de chômage de 20 % ;

▶▶▶

1. Enquête MGIS de l'INED portant sur 13 000 personnes, Michèle Tribalat, « Faire France, une grande enquête sur les immigrés et leurs enfants », La Découverte, Paris, 1995. À noter que cette étude ne prend pas en compte la qualification.

▶▶▶

- Ceux dont les parents sont nés en France sont seulement 11 % à être au chômage.

Les seniors en sous-activité[1]

Parmi les personnes embauchées en 2003, seuls 6,4 % ont plus de 50 ans, alors qu'ils représentent près du quart de la population active.

Le nombre de seniors par rapport à ceux en poste est plus de deux fois plus faible que pour les 30-49 ans.

Le taux d'emploi des seniors en France est faible, soit de 36,8 % (pour les 55-64 ans en 2003), alors que dans l'Union européenne il est de 41,7 %, en Suède de 68,6 % et au Royaume-Uni de 55,5 %.

Un employeur sur deux affirme refuser d'embaucher davantage de personnes de plus de 50 ans, même en cas de difficulté à pourvoir les postes de travail (2001).

Les handicapés sont davantage au chômage[2]

Près d'un handicapé actif sur quatre est en recherche d'emploi.

Le chômage des personnes handicapées est plus long ; en effet, le chômage de longue durée (un an au moins) touche 47 % des demandeurs d'emplois, alors qu'il ne touche que 35 % des autres publics.

Pour 24 % des demandeurs d'emplois handicapés, il s'agit d'un chômage de deux ans ou plus.

Le chômage est plus récurrent que celui des autres demandeurs d'emploi, c'est-à-dire que la réinscription depuis la précédente demande est très forte et concerne plus des trois quarts des demandes d'emplois enregistrées en 2004 (contre 61 % pour les autres publics).

---

1. Frédéric Lerais et Pierre Marioni, « Accroître l'emploi des seniors : entre volontés et difficultés », Premières informations et premières synthèses, n° 04. 1, DARES, janvier 2005.
2. Claudine Souhami, « Le chômage de personnes handicapées : portrait statistique », L'Observatoire de l'ANPE, collection « Les Essentiels », septembre 2005.

▷ *1. Et vous ?*

Êtes-vous surpris de ces résultats ?

....

....

....

Ces résultats vous semblent-ils en phase avec ce qui se passe dans votre entreprise ?

....

....

....

Avez-vous le sentiment d'avoir été victime de discrimination à l'embauche ?

....

....

....

Avez-vous le souvenir de phénomènes de discrimination dans votre service ? Dans votre entreprise ? Comment avez-vous réagi ? Aujourd'hui réagiriez-vous de façon identique ?

....

....

....

*Considérez-vous que certaines populations sont davantage discri-
minées dans votre entreprise ? Et que d'autres sont favorisées ?*

....

....

....

*Pensez-vous que votre constat serait partagé par vos collègues,
votre responsable hiérarchique, le service ressources humaines,
les syndicats, la direction de l'entreprise ?*

....

....

....

Chapitre 2

La discrimination à l'embauche : comment la définir ?

Grâce aux recherches de Jean-François Amadieu et aux nombreuses études aujourd'hui disponibles, la discrimination à l'embauche ne peut plus être cantonnée à la seule sphère du ressenti (« *cela n'existe pas, c'est un phénomène amplifié, ils sont paranoïaques* ») : elle devient un phénomène démontré statistiquement.

Mais de quoi parlons-nous lorsque nous employons les termes de discrimination ? Le débat à ce sujet est souvent agité car les confusions sont grandes et les amalgames nombreux. La lutte contre les discriminations est souvent confondue avec la pratique de la discrimination positive et avec celle de la politique des quotas. Il convient donc de définir chacune de ces expressions et de les resituer dans le débat plus politique du modèle de société que nous souhaitons.

Les catégories choisies dans l'opération de *testing* en 2004, puis en 2005, à savoir l'origine (à travers le patronyme), le sexe, la couleur de peau, l'âge, le handicap, le lieu de résidence et l'apparence physique auraient-elles pu être étendues, par exemple à l'obésité, à l'orientation sexuelle, au diplôme ? Considère-t-on que l'entreprise discrimine lorsqu'elle écarte un candidat au motif qu'il ne justifie pas d'un diplôme, qu'il est trop jeune et inexpérimenté, qu'il ne maîtrise pas suffisamment l'informatique ou la langue anglaise ?

Le débat peut être riche, mais il importe de bien délimiter la zone de discrimination et de non-discrimination, sous peine de rendre inopérante toute action. La ligne de partage est constituée par la notion de compétence et par la définition légale. La définition juridique, étant elle-même la traduction de l'évolution des mentalités de notre pays, ne peut qu'être évolutive. En effet, au XVIIIe siècle, il eût été risible de dénoncer le fait que les femmes n'aient pas un accès équitable au monde du travail !

Discrimination justifiée et discrimination illicite

Nous pouvons distinguer la discrimination justifiée et la discrimination illicite :

- Les discriminations justifiées sont fondées sur une motivation admise et objective : les distinctions fondées sur les qualifications exigées pour un emploi déterminé ne sont pas considérées comme des discriminations au sens légal. N'oublions pas que recruter, c'est discriminer, mais la loi – et le bon sens, ainsi que l'esprit civique – nous demande de nous appuyer uniquement sur des critères de compétence[1]. Ainsi, un employeur a raison d'écarter pour un poste de chef de produit marketing expérimenté un candidat au motif qu'il ne justifie pas suffisamment de connaissances en marketing au travers de son expérience et de sa formation ;

- Les discriminations illicites : celles que la loi prohibe. Cette loi[2] relative à la lutte contre les discriminations est la transposition des directives communautaires. La dénonciation du problème n'est donc pas « franco-française », mais s'inscrit dans un contexte international et notamment européen.

---

1. Voir définition ci-après dans ce chapitre.
2. Loi n° 2001-1066 du 16 novembre 2001.

La loi de 2001 énonce clairement, par l'article 1er (article L. 122-45 du code du travail), les motifs de discrimination :

« Aucune personne ne peut être écartée d'une procédure de recrutement ou faire l'objet d'une mesure discriminatoire, directe ou indirecte, en raison de :

- *son origine,*

- *son sexe,*

- *ses mœurs,*

- *son orientation sexuelle,*

- *son âge,*

- *sa situation de famille,*

- *son appartenance ou sa non-appartenance, vraie ou supposée, à une ethnie, une nation ou une race,*

- *ses opinions politiques, ses activités syndicales ou mutualistes, ses convictions religieuses,*

- *son apparence physique,*

- *son patronyme,*

- *son état de santé ou son handicap, sauf inaptitude constatée par le médecin du travail dans le cadre du titre IV du livre II du présent code. »*

Le cadre légal en France est très avancé… et finalement assez ancien si l'on se réfère à la Déclaration des droits de l'homme et du citoyen, de 1789 : *« Les hommes naissent égaux et demeurent libres et égaux en droit. »* Le principe d'égalité appartient à l'idéal républicain et est l'un des fondements de la démocratie. Il est consacré dans la constitution de la Ve République. L'article 1er affirme que : *« La France est une République indivisible, laïque, démocratique et sociale. Elle assure l'égalité devant la loi de tous les citoyens sans distinction d'origine, de race ou de religion. »*

Au cours de la deuxième moitié du XXe siècle, plusieurs textes, et plus récemment la loi de 2001, ont précisé les obligations, notamment celles des entreprises, pour préserver un accès équitable à ces droits fondamentaux.

Certes, ces avancées sont évidentes, mais sont loin d'être suffisantes ! La loi est foisonnante pour rappeler les obligations, et, dans la réalité, elle n'est pas si protectrice[1]. Malgré le dynamisme d'associations de lutte contre les discriminations, nous ne pouvons que déplorer le décalage entre le cadre légal et le nombre relativement faible d'affaires jugées depuis 2001. Néanmoins, Samuel Thomas[2], vice-président de SOS Racisme, constate qu'il y a eu plus de procès en cinq ans qu'en trente ans et ce, grâce à la validation juridique du *testing* et au pouvoir renforcé de l'inspecteur du travail. Ce dernier peut, en effet, avoir accès à tous les documents de l'entreprise afin d'établir la preuve de la discrimination. Samuel Thomas ajoute qu'actuellement, les procès en cours sont plus nombreux et concernent de grandes entreprises et des intermédiaires du recrutement, tels que les sociétés de travail temporaire, révélant des discriminations systématisées et concernant des effectifs discriminés importants.

Une chose est certaine : la seule sanction juridique ne suffit pas, car la discrimination est ancrée profondément dans les mentalités de notre société. Elle dépasse le strict périmètre de l'entreprise et devra impliquer tous les acteurs du monde politique, des médias, de l'école… Changer des pratiques aussi enracinées nécessite le recours à la

---

1. Dans un rapport réalisé à la demande du ministère du Travail en mai 2006, Marie-Thérèse Lanquetin et Manuela Grévy constatent que les discriminations en raison de l'origine ethnique et celles qui concernent les femmes restent rarement portées devant les tribunaux. La sanction pénale est discréditée par l'insignifiance des peines prononcées. Le rapport dénonce l'inertie des acteurs de la chaîne pénale, de certains inspecteurs du travail, jusqu'aux magistrats du parquet, comme du siège.
2. Interview par Alain Gavand le 3 avril 2006.

contrainte, à la sanction mais aussi à la pédagogie. La discrimination positive est évoquée par plusieurs acteurs politiques et économiques comme l'unique solution pour enrayer véritablement la discrimination bien réelle dans notre pays. Quels sont les arguments favorables ou défavorables à une telle politique ?

La compétence

Définition de la compétence

Selon Guy Le Boterf[1], une personne compétente est une personne qui sait agir dans un contexte particulier, en choisissant et en mobilisant un double équipement de ressources :

- **Des ressources personnelles, c'est-à-dire les compétences** (connaissances, savoir-faire, qualités, culture, ressources émotionnelles...) ;
- **Des ressources de réseaux** (banques de données, réseaux documentaires, réseaux d'expertise, etc.).

Pour être compétente, il n'est pas suffisant qu'une personne possède des compétences, il faut qu'elle soit capable de les organiser et de les mobiliser en combinatoires pertinentes pour gérer des situations professionnelles en prenant en compte les critères de réalisation qui y sont liés.

Les dix composantes de la compétence (« ressources personnelles ou équipement incorporé »)

1. Connaissances générales (concepts, savoirs disciplinaires...)

Sert à comprendre un phénomène, une situation, un problème, un procédé.

Exemple : les notions clés de l'économie monétaire.

---

1. Guy Le Boterf, *Ingénierie et évaluation des compétences*, 4ᵉ édition, Éditions d'Organisation, 2002.

▶▶▶

2. Connaissances spécifiques à l'environnement professionnel

Connaissances sur le contexte de travail (équipement, règles de gestion, culture organisationnelle, codes sociaux, organisation de l'entreprise ou de l'unité).

Exemple : la politique commerciale de l'entreprise.

3. Connaissances procédurales

Vise à décrire « comment il faut faire », des procédures, des méthodes, des modes opératoires.

Exemple : la méthode d'élaboration d'un plan de formation.

4. Savoir-faire opérationnels

Démarches, méthodes, procédures, instruments dont la personne maîtrise l'application pratique.

Exemple : utiliser un logiciel CAO.

5. Connaissances et savoir-faire expérientiels

Connaissances issues de l'expérience, de l'action, c'est la façon de faire.

Exemple : le tour de main, le coup d'œil, les astuces.

6. Savoir-faire relationnels

Capacités qui permettent de coopérer efficacement avec autrui (capacité d'écoute, de négociation, de travail en équipe, de travail en réseau).

Exemple : négocier avec un fournisseur.

7. Savoir-faire cognitifs

Opérations intellectuelles nécessaires à l'analyse et à la résolution de problèmes, à la conception et à la réalisation de projets, à la prise de décision, à l'invention (induction, déduction, abstraction, raisonnement, production d'hypothèses, généralisation…).

Exemple : abstraire des données.

▶▶▶

▶▶▶

8. Aptitudes et qualités

Caractéristiques de personnalité.

Mc Clelland et Mc Ber définissent onze compétences génériques (Council for adult and experiential learning, CAEL-USA) : initiative, persévérance/ténacité, créativité, planification/sens de l'organisation, esprit critique/analyse critique, contrôle de soi, leadership/aptitude au commandement, persuasion/influence, confiance en soi, relations interpersonnelles, préoccupation et sollicitude envers les autres.

Exemple : rigueur, force de conviction, curiosité, esprit d'initiative...

9. Ressources physiologiques

Servent à gérer son énergie.

10. Ressources émotionnelles

Guident les intuitions, la perception de signaux faibles, permettent de ressentir une situation, une relation.

Faut-il pratiquer la discrimination positive ?

Le modèle républicain de l'égalité des chances est classiquement opposé à celui de la discrimination positive. Les États-Unis en ont été les promoteurs avec leur politique d'*affirmative action*, souvent confondue, à tort, avec la politique des quotas. Certes, les pratiques françaises connaissent des dérogations fortes au principe de l'égalité avec les lois sur la parité ou en faveur des travailleurs handicapés. Il n'en demeure pas moins que les opposants de ces deux modèles s'affrontent sur le mode de traitement de l'inégalité et sur la prise en compte de la diversité. Ces modèles puisent leurs sources dans des histoires culturelles différentes : des États comme les États-Unis, où la ségrégation ethnique et raciale était institutionnalisée et qui aujourd'hui légalisent l'inégalité, au contraire d'un pays comme la France pour qui l'égalité constitue un des droits fondamentaux.

Discrimination positive, de quoi s'agit-il ?

La discrimination positive se définit comme un ensemble de mesures qui accordent un traitement préférentiel à des groupes minoritaires et concernent le monde du travail, la passation de marchés publics ou l'admission dans des établissements d'enseignement supérieur.

Le traitement préférentiel consiste à choisir un candidat appartenant à un groupe minoritaire, alors qu'au moins un membre appartenant à un groupe non minoritaire avait un niveau de qualification supérieur.

L'exemple de l'*affirmative action* aux États-Unis

Elle prend sa source en 1968 dans le rapport Kerner. Celui-ci dénonce la séparation entre les villes noires et la société blanche des banlieues et recommande de prendre des mesures concrètes *(affirmative action)* en dressant des passerelles entre des sphères sociales jusqu'alors étanches, telles que des programmes de mobilité, la création d'emploi, l'amélioration de l'équipement des écoles, la construction de logements sociaux.

Ce rapport a inspiré la loi sur l'*affirmative action* promulguée en 1972 et promue par le président Richard Nixon. Ce programme consiste à mettre en œuvre des inégalités de traitement favorables à certaines catégories défavorisées en raison de leur appartenance ethnique, de leur sexe ou de leur origine.

Aux États-Unis les groupes minoritaires sont définis sur des critères de non-représentativité sociale : le genre (femmes) et l'origine ethnique (Noirs, Hispaniques, Asiatiques). Cela signifie que ces groupes ne sont pas représentés proportionnellement au niveau des instances économiques[1].

---

1. Hélène Garnier-Moyer, « Les enjeux de la discrimination positive » (http://cergors.univ-paris1.fr/observatoiredesdiscriminationsfd.htm).

Discrimination positive et politique des quotas

Il ne faut pas confondre la discrimination positive et la politique des quotas. Cette dernière prévoit un pourcentage à atteindre de membres de groupes désignés, sous peine de sanction automatique. Mais aux États-Unis, les quotas ne représentent « *qu'une des modalités d'action parmi d'autres et certainement pas la plus fréquente* »[1].

Les quotas dans les universités ont été rejetés par la Cour suprême en 1978, qui a fait marche arrière et a reconnu qu'on ne pouvait *a priori* décider à l'avance et automatiquement d'attribuer, par exemple, 20 points de plus à un examen à un candidat hispanique ou noir. La discrimination ne pouvait qu'être effectuée au cas par cas et de manière informelle. Dans le domaine de l'emploi, les quotas ont été surtout utilisés lorsqu'une entreprise avait été reconnue coupable de violations répétées à la législation anti-discriminatoire.

Le Congrès a instauré des quotas dans le domaine de l'attribution des marchés publics. Ainsi, 10 % de leurs montants étaient réservés à des entreprises contrôlées par des membres des minorités. Mais la jurisprudence de la Cour suprême a rendu les conditions de sa mise en œuvre de plus en plus restrictives.

En France, la notion de quotas, (réservant une partie des postes en fonction du sexe, de l'âge, de l'origine sociale ou étrangère) est majoritairement rejetée. Un récent sondage[2] révélait en effet que 63 % des salariés sondés n'étaient « pas vraiment ou pas du tout favorables ».

1. Daniel Sabbagh, « Sur la discrimination positive, il y a convergence entre les États-Unis et la France », *Le Monde*, 26-27 février 2006.
2. Sondage réalisé par BVA, Observatoire du travail, 8ᵉ édition, « La diversité en entreprise », pour *L'Express*, en partenariat avec Bernard Brunhes Consultants, en mars 2006, auprès de 1 405 personnes.

La politique des quotas au Canada pour que les minorités visibles soient représentées

La loi canadienne sur l'équité pour l'emploi, adoptée en 1986, s'inspire d'un modèle non républicain et reconnaît la différence. Son objectif est d'éliminer les barrières à l'emploi pour quatre groupes : les femmes, les autochtones, les minorités visibles et les personnes handicapées. Le nombre de salariés qui appartiennent aux minorités visibles est évalué pour chaque entreprise et chaque région. La loi exige qu'il y ait dans l'entreprise une représentation de chacun de ces groupes qui soit équivalente ou supérieure à la disponibilité du marché.

La disponibilité du marché n'est pas la population dans son sens large. Ainsi, France Pelletier[1], responsable de l'équité en emploi et de la diversité au siège social de la Banque nationale du Canada, explique que si à Montréal il y a 30 % de minorités visibles, l'objectif de l'entreprise n'est pas de recruter 30 % de ces minorités car ceux-ci ne sont pas tous candidats potentiels pour la banque. La disponibilité du marché est appréhendée grâce à la classification nationale des professions du ministère des Ressources humaines et du Développement des compétences. Par exemple, lorsqu'un recrutement à un poste de direction a lieu, la zone de recrutement est canadienne. L'entreprise doit donc vérifier la proportion de femmes canadiennes qui pourraient potentiellement être candidates pour un poste à la direction de la banque. Ainsi, il y a des objectifs d'embauche pour chacun des groupes visés par la loi.

---

1. Interview de France Pelletier, « La loi canadienne élimine les barrières à l'emploi pour les minorités visibles », *Focus RH*, 16 décembre 2005 (http://www.focusrh.com).

Interview de Laurent Pillet[1]
(Focus RH)

Laurent Pillet est directeur de Focus RH, site d'information et newsletter dans le domaine RH diffusé en France. Il vit à Montréal (Québec).

Que pensez-vous de la loi canadienne sur l'équité pour l'emploi ?

Laurent Pillet : « *Cette loi est très intéressante. Le Canada est un pays d'immigration. Pour les autorités, l'intégration des minorités est une question cruciale, qui doit être au centre des préoccupations de tous. Comme partout, l'intégration « naturelle » doit faire face à des freins liés aux mentalités et aux clichés. Pour les faire disparaître, la loi est ferme.* »

Quelles conséquences avez-vous observées ?

Laurent Pillet : « *Le message passe. Pour éviter les amendes, les entreprises ont fait de cette question une priorité. Un responsable en interne a pour mission de gérer la diversité au quotidien. Il y a ainsi des actions concrètes en faveur de l'intégration.*

Par contre, l'atteinte des quotas est si difficile que cela entraîne une vraie chasse aux talents issus des minorités. Si une jeune femme autochtone bilingue avec une maîtrise en finance visite un salon de recrutement, elle recevra des propositions de toutes les grandes banques en moins d'une heure !

Les entreprises prennent cette loi positivement. Pour elles, c'est aussi une priorité "business" : leurs employés doivent refléter la diversité de leur clientèle. »

Ces pratiques pourraient-elles être appliquées en France ?

Laurent Pillet : « *Et pourquoi pas ! Les Français ont une très mauvaise image au Québec. On reproche aux "maudits français" de parler*

---

1. Interview par Alain Gavand le 2 mai 2006.

beaucoup et d'agir peu. Sur ce dossier, je pense que l'on peut s'inspirer du modèle canadien. Cela fait 20 ans qu'il est en place et il fonctionne plutôt bien. La France, sur ce point, est très en retard. Il serait temps d'agir !

La loi canadienne a le mérite de se saisir de ce problème dans sa globalité et de proposer une solution d'ensemble. Pas de demi-mesure. »

La discrimination positive est pratiquée en France

En France, il est parfois admis que certaines politiques territoriales soient considérées comme étant une forme de discrimination positive. C'est le cas des zones d'éducation prioritaire (ZEP) qui depuis 1981 instaurent des politiques éducatives compensatoires dans des zones défavorisées. De même, les zones urbaines sensibles (ZUS) mises en place en 1996 instaurent une discrimination territoriale en encourageant l'activité économique, en luttant contre le chômage et en introduisant la mixité urbaine. Dans le secteur de l'emploi, l'obligation pour les entreprises de plus de 20 personnes d'employer au moins 6 % de travailleurs handicapés est un exemple de discrimination positive[1]. De même, dans le domaine de l'éducation l'accès hors concours des élèves issus de lycées situés en ZEP à Sciences po relève de la même logique. Enfin, en politique, la loi du 6 juin 2000 impose la parité et repose sur le principe de quotas égalitaires homme/femme sur les listes de partis aux élections. Des amendes sont infligées aux partis qui ne respectent pas ce quota de 50 %.

---

1. Loi n° 87-157 du 10 juillet 1987.

La diversité en France : une réalité sociale... un idéal dans l'entreprise

Selon Yazid Sabeg et Laurence Méhaignerie[1], la diversité française est ancienne et constitue le résultat d'une longue tradition d'immigration qui a d'abord concerné les populations européennes – italiennes, espagnoles, polonaises – venues enrichir notre pays. Cette diversité est devenue visible avec les mouvements migratoires en provenance d'Afrique noire, d'Asie et du Maghreb.

Or, notre modèle républicain, conçu pour une société culturellement homogène et sans chômage, ne permet plus aujourd'hui d'intégrer correctement ces populations. Il n'assure pas l'égalité légitimement espérée. L'égalité des droits n'est en fait qu'une pure déclaration d'intention et n'est pas réalisée dans les faits. Pire, notre modèle engendre des frustrations de la part des personnes exclues et crée des tensions au niveau de la société tout entière.

Les revendications ne sont pas le résultat du communautarisme mais émanent d'individus qui *« demandent à être reconnus comme des égaux, jusque et y compris dans leurs différences »*. Il ne s'agit pas d'instituer des communautés ou de reconnaître *« des droits collectifs dont les membres de groupes pourraient se prévaloir parce qu'ils sont noirs, blancs, jaunes ou basanés »*. Un candidat noir ne doit pas être recruté pour sa couleur, mais en raison de sa compétence.

Pour ces auteurs, la notion de diversité implique la reconnaissance de la diversité dans la culture française. La diversité est une composante de l'identité nationale, et la société française doit être capable de considérer cette altérité. *« Une égalité privée de diversité est une égalité en trompe l'œil, factice. »*

---

1. Yazid Sabeg et Laurence Méhaignerie, *Les oubliés de l'égalité des chances*, Hachette, 2006.

Pour les fervents du concept de diversité, il est impératif de prendre en compte la réalité pluriethnique de notre pays, et la diversité est l'un des instruments de l'égalité. *« Sans se substituer à elle, la diversité conditionne l'égalité.* » Ainsi, dans une société multiculturelle et diverse, il n'est pas acceptable, par exemple, qu'une entreprise ou une institution ait une population homogène. Pour atteindre cette diversité dans tous les rouages de notre société, et notamment le monde de l'entreprise, il est nécessaire de se doter d'indicateurs du respect de la loi et de l'absence de discrimination directe ou indirecte. L'entreprise passe d'une obligation de moyens (le respect de la loi) à une obligation de résultats (la diversité). Pour cela, elle doit mettre en place des politiques d'action positive afin de réaliser l'équité dans l'accès à l'emploi, à compétences et talents égaux, et qui incluent, par exemple, le recensement statistique des caractères de la population française, et notamment ethnique, ou l'obligation de publier un rapport relatif à la diversité dans le bilan social.

Contrairement à certaines idées véhiculées, la politique de diversité prônée par l'Institut Montaigne, promoteur de la Charte de la diversité est *« éloignée des quotas ethniques contraires au mérite »*.

Les arguments pour et contre la discrimination positive

Les arguments pour la discrimination positive

Les arguments avancés par les adeptes de la discrimination positive sont nombreux. Tout d'abord, il importe de reconnaître la diversité de notre pays et sa réalité multiethnique, et de la prendre en compte dans les politiques, notamment de l'emploi et de l'éducation. L'échec des actions menées en France, et notamment des politiques antiracistes et d'intégration des dernières décennies, est souvent mis en avant. L'attitude de la société française est jugée hypocrite, et cela est renforcé par l'invisibilité statistique, c'est-à-dire le refus de prendre en compte les critères de couleur de peau ou de patronyme en ne considérant que les catégories de nationalité, alors que, dans les faits, ces catégories fonctionnent dans la sélection sociale !

L'intégration des immigrants ou des personnes issues de l'immigration ne peut se faire d'elle-même et nécessite la mise en place d'actions concrètes. On se réfère alors à l'efficacité des politiques d'*affirmative action* aux États-Unis

Les arguments contre la discrimination positive

En premier lieu, la société française risque d'être « racialisée » et « ethnicisée » par une politique de discrimination positive. Les catégories de la race pourraient devenir une construction sociale et politique (elles sont omniprésentes aux États-Unis). Existe également le risque d'un « effet boomerang », c'est-à-dire à la fois une stigmatisation des populations « choisies » et une exaspération des autres salariés vis-à-vis des minorités favorisées par les quotas.

En deuxième lieu, la discrimination consiste à corriger après coup, et très à la marge des inégalités qu'on a laissé s'installer. Plutôt que de produire artificiellement de la diversité, ne vaut-il pas mieux s'attaquer aux problèmes en profondeur ? Ainsi, dans le cas de l'école, les jeunes issus d'une ZEP ne parviennent pas à acquérir le même niveau scolaire que ceux qui accèdent majoritairement à Sciences po ; une autre voie consisterait à faire en sorte qu'ils y parviennent. La discrimination positive empêche d'adopter de vraies réformes, par exemple de l'école, ou de remettre en cause les méthodes de recrutement des entreprises.

Troisièmement, les fervents de la discrimination positive dressent un bilan négatif de la politique d'égalité des chances. Mais cet échec sanctionne-t-il le principe même de cette politique ou la mauvaise application de cette politique ?

Le quatrième argument contre la discrimination positive consiste à considérer qu'on ne fait que remplacer une injustice par une autre. Avantager un candidat ou un élève parce qu'il appartient à une minorité visible ne risque-t-il pas d'ébranler le principe de la réussite en fonction du mérite ? Les populations discriminées n'ont pas besoin d'être privilégiées, contentons-nous de faire de la discrimination « zéro » car, bien souvent, les seniors ou les personnes issues de l'immigration écartées du dispositif de recrutement sont plus compétentes que celles qui sont sélectionnées. Il est préférable de restaurer les candidats dans leur droit.

Enfin, les critères induits par une telle politique sont réducteurs. On ne peut réduire un candidat à une particularité telle que l'origine ethnique, l'âge ou le physique. Il importe avant tout de prendre en compte la compétence dans les processus de recrutement. De plus, il faudrait, pour être juste, répondre à une multiplicité de facteurs de discrimination, et non pas seulement l'appartenance ethnique. Or, on ne peut juxtaposer les pourcentages : tant de femmes, tant de gens de telle couleur ou de telle confession, tant d'homosexuels, tant d'obèses, tant de handicapés, tant de seniors... Quelles catégories choisir ? Et où s'arrêter ? À cela s'ajoute le risque que de nouveaux acteurs soient de plus en plus nombreux à présenter leurs revendications en matière de discrimination sur un mode contestataire.

▷ 2. Et vous ?

Êtes-vous d'accord avec la définition de la discrimination ?

....

....

....

Comment analysez-vous l'absence de diversité dans les entreprises ?

....

....

....

Quel est votre avis sur la discrimination positive ?

....

....

....

Seriez-vous favorable à une politique des quotas ?

....

....

....

Quelles sont, selon vous, les solutions à mettre en place dans l'entreprise pour favoriser l'égalité des chances ?

....

....

....

Chapitre 3

Pourquoi discrimine-t-on ?

Une fois constatée la réalité des discriminations, il convient de bien comprendre les mécanismes qui conduisent à discriminer. La question de la motivation de la discrimination en amène une autre : pourquoi recrute-t-on ? N'est-ce pas afin de rechercher le candidat le plus compétent, qui contribuera à la performance de l'entreprise ? C'est oublier le caractère irrationnel de l'être humain, y compris lorsqu'il évolue dans le monde de l'entreprise…

Quel est le lien entre les opinions positives ou négatives à l'égard de certaines populations susceptibles d'être discriminées et leur exclusion du marché du travail ? Procèdent-ils d'une intention volontaire et d'une motivation raciste, « jeuniste », sexiste ? Sont-ils conscients ou inconscients ?

La notion de stéréotype, concept majeur en psychologie sociale, est particulièrement éclairante pour comprendre les mécanismes discriminatoires et, par voie de conséquence, pour s'en départir. Explorons le phénomène.

Quelles opinions à l'égard, des minorités visibles, des seniors, des femmes et des handicapés ?

Les mécanismes ne semblent pas jouer de la même manière selon le motif de discrimination. Ainsi, il semble que les discriminations ethniques et raciales convergent avec des opinions racistes et xénophobes encore tenaces en France. De même, les préjugés à l'égard des seniors sont à la hauteur de leur exclusion dans le monde du travail. En revanche, les personnes handicapées paraissent jouir d'une image positive, alors que les pratiques de recrutement les écartent. De même, la reconnaissance de la compétence des femmes n'est pas cohérente avec leur ségrégation horizontale et verticale.

Les opinions racistes gagnent du terrain

Le rapport 2005 de la Commission nationale consultative des droits de l'homme (CNCDH)[1] fait apparaître un paradoxe. Ainsi, nous assistons à une diminution des actes racistes et antisémites portés à la connaissance des autorités (moins 38 % par rapport à l'année 2004), alors que les opinions racistes ont gagné du terrain en France. Le sondage réalisé par l'Institut CSA en novembre 2005 pour la CNCDH révèle, en effet, qu'en France, le racisme n'est plus un tabou ; 88 % des Français estiment que le racisme est développé dans notre pays : une personne interrogée sur trois admet elle-même se considérer comme raciste. Cette tendance se développe par rapport à l'année précédente (+ 8 %). Plus inquiétant encore, la condamnation des comportements racistes est en recul, et 63 % des sondés estiment que *« certains comportements peuvent parfois justifier des réactions racistes »* (soit + 5 % par rapport à l'année 2004).

Cette banalisation du racisme s'inscrit dans un contexte de malaise économique et social. Il est constaté une radicalisation en ce qui

---

1. « La lutte contre le racisme et la xénophobie : rapport d'activité 2005 », Commission nationale consultative des droits de l'homme, Paris, La Documentation Française, 2006.

concerne la xénophobie[1]. L'ouverture aux autres recule de façon systématique : la présence d'immigrés est une source d'enrichissement culturel (62 %, soit moins 12 points par rapport à l'année précédente). Seuls 70 % des personnes interrogées pensent que les travailleurs immigrés doivent être considérés ici comme chez eux puisqu'ils contribuent à l'économie française (moins 11 points).

Les Français ressentent un accroissement du repli communautaire de la part de certains groupes : la moitié des personnes interrogées jugent que les personnes de différentes origines qui composent la société française vivent ensemble mais avec des tensions, et 31 % pensent qu'elles vivent séparées et avec des tensions.

Dans les années soixante, la notion de racisme institutionnel développée par Stokely Carmichael et Charles V. Hamilton s'est répandue. Cette notion décrit une nouvelle forme de racisme qui ne s'appuie plus sur des doctrines ou des idéologies, mais sur le fonctionnement même de la société. Le racisme constituerait donc une propriété structurelle, inscrite dans les mécanismes routiniers assurant la domination d'une minorité, sans que personne n'ait le besoin de le théoriser.

Le sociologue Michel Wieviorka[2] critique cette conception du racisme au fonctionnement masqué ou invisible, sans acteurs, qui déculpabilise ceux qui discriminent et responsabilise les seules institutions. Il observe

---

1. 56 % des personnes interrogées (+ 18 % par rapport à 2004) estiment que le nombre d'étrangers est trop important et pose problème pour l'emploi et le niveau de chômage en France. La CNCDH constate que le racisme et la xénophobie sont corrélés et que l'étranger est très nettement assimilé à l'immigré, à l'Arabe, au Maghrébin ou à l'Africain. Cette image du bouc émissaire apparaît dans de nombreux discours de rejet et/ou de peur (sondage de l'Institut CSA réalisé auprès de 1 011 personnes du 17 au 22 novembre 2005, « La lutte contre le racisme et la xénophobie : rapport d'activité 2005 », Commission nationale consultative des droits de l'homme, Paris, La Documentation Française, 2006).
2. Michel Wieviorka, *Le racisme, une introduction*, La Découverte, 1998.

néanmoins que le racisme procède de moins en moins de l'idée d'une hiérarchie des races, au profit d'une logique de différenciation. Ce mécanisme tend à refuser les contacts et les rapports sociaux entre les groupes, qui n'ont plus d'espace commun où déployer la moindre relation, qu'elle soit raciste ou non.

Une image des seniors pénalisante

Une majorité de Français, (selon un sondage réalisé par l'Institut BVA[1]) aurait une perception assez négative des seniors dans l'entreprise :

- Pour 59 % des personnes interrogées, les seniors peinent à trouver des solutions innovantes dans le travail ;

- Pour 66 %, les seniors peinent à développer leurs compétences ;

- Il leur est difficile de garder la même motivation au travail (71 %) ;

- Plus grave encore, 93 % des Français jugent qu'après 57 ans, il est moins facile de changer de métier.

Cette image négative des seniors dans le monde du travail converge avec la réalité de l'emploi, observée par les statistiques en matière de discrimination : la France est le mauvais élève de l'Europe, avec un taux d'emploi des 55-64 ans des plus faibles de l'Union européenne. Certes, les politiques de l'emploi ont joué leur rôle, mais pourquoi considère-t-on encore que l'âge est un handicap dans l'entreprise, alors que la plupart de ceux qui nous gouvernent ont franchi la barre des 50 ans, voire des 60 ans ?

---

1. Sondage réalisé par l'Institut BVA auprès de 956 personnes en mars 2005, « Emploi, dur d'être un senior », *Acteurs publics*, n° 13, avril 2005.

Une image positive des compétences des femmes dans l'entreprise

Le sexisme semble ne plus attirer beaucoup d'adeptes, et pourtant les femmes ne représentaient guère plus d'un député sur dix à l'issue des élections législatives de juin 2002[1]. Quant à leur position dans l'entreprise, que ce soit en termes de niveau de poste, de diversité d'emploi, de rémunération ou de précarité, elle est encore loin d'illustrer l'égalité tant proclamée !

Un sondage réalisé par l'association Arborus en partenariat avec la CCIP auprès de 142 représentants d'entreprises aux trois quarts masculins[2] démontre que parmi les cinq compétences jugées les plus stratégiques pour le dynamisme de l'entreprise, les dirigeants estiment que les qualités managériales et aptitudes professionnelles sont des compétences présentes aussi bien chez les femmes que chez les hommes.

Les femmes seraient plus efficaces dans le domaine de la résolution de problèmes, de l'organisation et de la planification, ainsi que du point de vue de la quantité et de la qualité du travail, des qualités relationnelles et des relations extérieures. En revanche, les réponses leur sont moins favorables en matière d'activités intellectuelles, de connaissances techniques et d'intelligence émotionnelle.

La perception positive des salariés handicapés... contredite dans les faits

Selon un sondage publié en 2003, le fait d'avoir un collègue handicapé est perçu comme étant *« une situation comme une autre »* pour 85 %

1. « Chiffres clés de l'égalité entre les femmes et les hommes », Ministère de l'Emploi, de la Cohésion sociale et du Logement et ministère délégué à la Cohésion sociale et à la Parité, 2005.
2. « L'impact de la féminisation sur la performance de l'entreprise », Arborus-CCIP, juillet 2005 (http://www.arborus.org).

des personnes interrogées. Et 75 % des salariés considèrent que l'embauche de personnes handicapées par leur entreprise constitue un point positif et les influence dans la perception de leur employeur[1]. Enfin, 87 % des employeurs employant des personnes handicapées pensent que cette expérience est satisfaisante[2].

Pourtant, la situation des handicapés sur le marché de l'emploi est très défavorable et ne s'améliore pas puisque le nombre de demandeurs d'emploi handicapés a augmenté de 6 % en 2004, soit 4 points de plus que pour les autres publics[3].

Ces quelques études montrent que la seule explication des opinions positives ou négatives à l'égard de telle ou telle population ne suffit pas à expliquer le phénomène discriminatoire à l'embauche et que le combat pour éradiquer toute forme de racisme ou de rejet de la différence requiert toutes les énergies collectives et individuelles, et dans toutes les sphères de notre société.

Au niveau de l'entreprise, le rejet de la différence et les stéréotypes attachés à certains profils sont particulièrement tenaces. Il importe donc que les managers et les recruteurs en prennent conscience pour mieux les placer « sous contrôle ».

Recruter à l'identique pour limiter les risques

L'entreprise n'aime pas le risque et cherche continuellement à le limiter. Cette crainte du risque n'échappe pas au domaine des ressources humai-

---

1. Étude réalisée auprès de 522 individus âgés de 18 ans et plus et exerçant une activité professionnelle, sondage Louis Harris pour l'AGEFIPH, septembre 2003.
2. Sondage de Louis Harris pour l'AGEFIPH et l'ADAPT, « Les entreprises face à l'emploi des personnes handicapées », octobre 2002.
3. Claudine Souhami, « Le chômage de personnes handicapées : portrait statistique », L'Observatoire de l'ANPE, collection « Les Essentiels », septembre 2005.

nes, et plus particulièrement à la fonction recrutement, surtout dans un contexte économique tendu. Ainsi, les recruteurs se rassurent et imaginent que l'on pourrait limiter les risques d'erreurs en recrutant au plus près de soi : « *C'est déjà compliqué un recrutement ; alors si on introduit trop de facteurs de différence, ça devient une aventure hasardeuse !* »

Plusieurs études nous permettent de mieux comprendre les mécanismes à l'œuvre dans ce phénomène. Gary Becker[1] est le premier économiste à introduire une variable personnelle, qu'il appelle le goût de la discrimination, dans le fonctionnement du marché du travail. Il explique que si certains groupes font l'objet de rejet à l'embauche, c'est en raison du goût exprimé par les employeurs de ne pas se mélanger à ces groupes, la volonté consciente de maintenir à distance des individus au sujet desquels ils portent des sentiments négatifs.

Ce goût exprimé par l'employeur peut avoir trois sources :

- Il peut provenir de l'employeur lui-même qui ne veut pas travailler avec des gens différents ;

- Ou également des employés. Dans ce cas, l'employeur souhaite maintenir l'équilibre et la stabilité interne de l'entreprise ;

- La responsabilité d'un tiers est invoquée. C'est alors les consommateurs et clients qui sont supposés ne pas apprécier la différence : « *C'est le client qui décide*, arguent alors les employeurs. *Et dans ce contexte économique tendu, nous ne pouvons pas nous permettre de nous rajouter une contrainte supplémentaire.* »

L'employeur finit par se retrouver dans une situation paradoxale : alors qu'il cherche à maximiser le profit, la discrimination génère des coûts en le privant notamment d'un réservoir potentiel de salariés. Les individus discriminés ont une productivité égale à celle des non-discriminés, et

---

1. Gary S. Becker, "The economics of discrimination", The University of Chicago, 1957.

pourtant l'employeur réduit son champ de recrutement : en quelque sorte, il choisit de rémunérer davantage les individus proches de lui.

Faire confiance en ses croyances plutôt qu'en la compétence

La deuxième théorie qui analyse les interactions entre la discrimination et l'emploi est développée par E. Phelps, reprise ensuite par Arrow (1972), Akerlof (1984) puis Aigner et Cain[1] (1997) Ces chercheurs constatent que l'origine de la discrimination réside dans les croyances des acteurs à l'égard de certains groupes. Elles ont pour principale explication « *l'incertitude et l'incomplétude informationnelle* » dans laquelle ils se trouvent en situation d'embauche car ils ne disposent pas d'informations fiables et objectives.

Par exemple, un manager refusera d'embaucher un salarié de plus de 50 ans parce qu'il craint « *son manque de motivation et de capacité d'innovation, ainsi que sa faible adaptation aux nouvelles technologies* ». Si les employeurs connaissaient exactement la productivité des candidats à l'embauche, ils n'auraient aucun intérêt à se focaliser sur des critères non valides. À défaut d'avoir un accès aisé et peu coûteux à des qualités « invisibles », telles que la compétence, la loyauté ou l'ardeur au travail, l'employeur va fonder la recherche de candidats sur des critères « visibles » tels que la race, le sexe ou l'âge.

Cette explication de la discrimination constitue une façon « rationnelle » pour un recruteur d'exécuter sa mission car elle permet de sélectionner les candidats de façon économique, surtout en cas de candidatures très nombreuses. Les critères discriminatoires agissent comme des

---

1. Voir la revue de la littérature par Hélène Garnier-Moyer, « Discrimination et emploi, revue de la littérature », DARES, Documents d'études, n° 69, mai 2003.

« filtres », permettant d'effectuer une sélection parmi les candidats, de corréler des critères « visibles » avec des qualités « invisibles » qui renvoient aux compétences que souhaite l'entreprise.

Ce sont les représentations qui agissent comme filtre, concept sociologique développé par Émile Durkheim. Celles-ci constituent une forme de *« connaissance socialement élaborée et partagée, ayant une visée pratique et concourant à la construction d'une réalité commune à un ensemble social »*. Elles orientent et organisent les conduites et les communications.

Les stéréotypes sont des images dans notre tête qui s'intercalent entre la réalité et notre idée de la réalité et nous induisent dans *« une erreur de catégorisation par simplification extrême, généralisation abusive et utilisation systématique, rigide qui marque notre appartenance à un groupe »* (Descamps, 1993). Dans le cas de la discrimination, ces catégories globalisantes sont connotées négativement et stigmatisent le candidat différent du standard.

La peur de la différence constitue le dernier pilier des représentations génératrices des comportements discriminatoires. Cette pratique permet à un groupe dominant de satisfaire ses intérêts, de s'accorder des privilèges par inégalité de traitement et de subordonner les autres en réduisant leurs droits et leur pouvoir. La discrimination a souvent pour cause *« des rapports de force et de domination d'un groupe majoritaire par rapport à un autre »* qui positionnent un groupe comme bouc émissaire. Ces croyances peuvent avoir une origine personnelle, liée à l'expérience de l'individu, ou encore sociale, véhiculée par la société.

Certes, le recrutement constitue une situation des plus complexes car l'objet de l'analyse de la part du recruteur est le comportement d'un candidat et il n'a d'autres outils que celui de son jugement, fonction elle-même des plus humaines... C'est pour cette raison qu'il doit se prémunir de tous ses préjugés pour que cet acte important, source de performance pour l'entreprise et d'intégration pour le candidat, soit réalisé avec le maximum de professionnalisme.

L'absence de questionnement des pratiques

Les processus d'embauche et de gestion de carrière doivent être davantage interrogés à la lumière de leurs conséquences discriminatoires. Quels sont les critères objectifs d'accès à un poste ? Est-ce que les méthodes d'évaluation, notamment l'entretien, permettent de sélectionner les candidats les plus compétents par rapport au poste ? À qui laisse-t-on le soin de se faire une opinion sur les candidats et, par exemple, d'effectuer le tri de CV ? Cette personne en a-t-elle la compétence ? Décrypter les mécanismes psychosociologiques de la discrimination doit nous aider à les déjouer.

L'exigence d'un professionnalisme accru nécessite de remettre en cause ces pratiques. Encore faut-il accepter l'état des lieux et admettre que les méthodes de recrutement ne garantissent pas suffisamment la recherche de la compétence et qu'elles sont trop parasitées par les préjugés et les stéréotypes.

Nos pratiques ne sont pas immuables, et, dans d'autres pays, on exerce différemment le métier de recruteur (voir l'interview d'une consultante en recrutement en Angleterre ci-dessous). C'est bien la preuve qu'il y a d'autres approches de la sélection des candidats et que nous avons des leviers de changements possibles.

Interview de Sophie Cohen
consultante en recrutement à Londres[1]

Psychologue de formation, elle a d'abord travaillé en France durant 5 ans dans un cabinet de recrutement. Elle est aujourd'hui consultante au sein de Armstrong Craven, cabinet de recrutement par approche directe en Grande-Bretagne.

Quelles sont les différences de mode de recrutement que vous avez observées entre la France et la Grande-Bretagne, qu'est ce qui vous a le plus étonné après avoir travaillé 5 ans en France ?

Sophie Cohen : *« Les différences entre la France et l'Angleterre se sont fait sentir immédiatement. Le marché de l'emploi est très dynamique. Lorsque je suis arrivée en Angleterre, pour ma recherche d'emploi, j'avais en moyenne deux entretiens d'embauche, par jour. Cela m'a pris 3 semaines pour trouver un emploi dans mon secteur d'expertise : le recrutement, malgré un niveau d'anglais moyen. »*

À votre avis, discrimine-t-on plus en Angleterre qu'en France ?

Sophie Cohen : *« La discrimination existe également en Angleterre. Mais ma perception est qu'elle est plus forte en France car il y a plus de chômage qu'en Angleterre. La différence tient également au système législatif tellement lourd et compliqué en France, notamment au niveau des licenciements, qu'il paralyse l'embauche au profit de recrutements élitistes. »*

Utilise-t-on les mêmes critères de recrutement en Angleterre qu'en France ?

Sophie Cohen : *« Depuis que je travaille en Angleterre, lors d'une définition de poste, je n'ai jamais entendu que soient mentionnés une fourchette d'âge, le sexe, la religion ou l'origine. Les critères de sélection sont centrés sur les compétences du candidat, ainsi que sur*

---

1. Interview par Alain Gavand, le 3 avril 2006.

son potentiel d'apprentissage, d'adaptation et d'évolution. Il est fréquent qu'une entreprise recherche tout d'abord une compétence, par exemple un sens commercial prononcé, et peu importe le secteur d'activité. Il n'est pas étonnant qu'un agent immobilier postule à un poste d'agent de placement dans le secteur informatique. L'entreprise prendra le temps de le former car elle sait qu'en tant que bon vendeur, il rapportera un chiffre d'affaires significatif. Et c'est ce qui compte. Les passerelles sont grandes d'un secteur à un autre, ou d'un métier à un autre. »

Les stéréotypes[1]

Le prénom véhicule une image (Étude de Schoenfeld – 1942)

Le prénom est un outil puissant de stéréotype. Ainsi, 120 étudiants devaient associer 8 prénoms à 8 traits de personnalité. Les résultats de l'expérimentation révèlent que :

- 63 personnes ont considéré Richard comme élégant ;
- 58 ont considéré Herman comme stupide ;
- 71 ont considéré Adrien comme artiste.

Une relation négative entre l'âge et l'efficacité au travail (Rosen et Jerdee – 1977)

L'enquête effectuée auprès de 6 000 abonnés de la *Harvard Business Review* démontre les stéréotypes relatifs aux seniors.

Les questionnaires se présentaient comme un exercice de décision de gestion dans le cadre d'une entreprise fictive. Sept situations étaient décrites, correspondant à des problèmes organisationnels ; il s'agissait de prendre une décision à l'égard d'un seul salarié décrit comme un collaborateur aux compétences moyennes. Deux versions diffé-

▶▶▶

1. Serge Volkoff, Anne-Françoise Moliné et Anne Jolivet, « Efficacité à tout âge ? L'analyse de quelques stéréotypes », *Problèmes économiques*, n° 2690, la Documentation française, novembre 2000.

▶▶▶

rentes du questionnaire ont été envoyées : l'une mettant en scène un salarié âgé, l'autre un jeune.

Dans une situation où un employé manifestait un comportement inadéquat face à une démarche clients, les personnes interrogées ont été trois fois plus nombreuses à estimer qu'il était plus difficile de changer le comportement de l'employé âgé que celui du plus jeune.

La solution envisagée était dès lors différente selon l'âge :

- Deux tiers des personnes retenaient le principe d'une discussion avec les salariés jeunes pour les faire évoluer ;
- Alors que pour les salariés âgés, la majorité des réponses se portait vers le recours à une autre personne.

Ainsi, les personnes plus âgées sont donc considérées *a priori* comme plus rigides et plus résistantes au changement.

3. Et vous ?

Quelles sont les croyances et préjugés dont vous pensez être empreint ?

....

....

....

Lesquels avez-vous rencontrés, à votre encontre dans votre entourage personnel ?

....

....

....

Dans votre entreprise, quels sont les préjugés qui vous ont le plus marqué ? À l'encontre de quel type de personnes ?

....

....

....

Lors de missions de recrutement, vous souvenez-vous avoir fait preuve de préjugés à l'encontre d'un candidat ?

....

....

....

Vous souvenez-vous avoir contredit les préjugés d'un collègue de travail lors d'un recrutement ou d'une appréciation de sa performance ? Comment a-t-il réagi ?

....

....

....

Lorsque vous recrutez, contre quels préjugés devez-vous vous prémunir ? À l'encontre de quels types de personnes ?

....

....

....

Chapitre 4

Le vent tourne :
des acteurs commencent à agir

Depuis 2004, en parallèle des actions des politiques, du législateur et des associations de lutte contre la discrimination, des réseaux majeurs d'entreprises ou de dirigeants d'entreprise se sont emparés du sujet, et le mouvement ne fait que s'amplifier. À cet égard, l'Institut Montaigne, le Centre des jeunes dirigeants d'entreprise et l'ANDCP ont fait figure de pionniers. En 2006, il ne se passe pas une semaine sans qu'une nouvelle initiative soit annoncée, ou qu'un groupe de réflexion soit lancé.

Les entreprises prêtes à s'engager dans des politiques de non-discrimination sont de plus en plus nombreuses, mais c'est à leur passage à l'action que l'on mesurera réellement l'effet d'entraînement de ces leaders, tout autant que l'authenticité de leurs déclarations. Leurs démarches sont expérimentales. Elles doivent être considérées comme sujettes à l'évaluation et susceptibles d'amélioration. Elles ont surtout un véritable effet d'entraînement auprès des autres entreprises.

L'Institut Montaigne :
une vision politique de la diversité

L'Institut Montaigne regroupe des chefs d'entreprises, des experts, des chercheurs, des hauts fonctionnaires et des représentants de la société civile. Ce club de réflexion créé par Claude Bébéar, dont la vocation est d'élaborer et de diffuser des propositions concrètes sur les grands enjeux de notre société, a produit, en 2004, un rapport sur l'égalité des chances[1] sous la présidence de Yazib Zabeg. Ce texte visait à dresser un état des lieux et à émettre un ensemble de propositions applicables au niveau de l'entreprise, en s'inscrivant dans le cadre des démarches nationales, notamment des politiques d'intégration. Il resituait la question de la discrimination dans le débat du modèle de société.

Ce manifeste proposait la mise en œuvre d'urgence d'un programme d'équité dans l'accès à l'emploi et une grande initiative « anti-ghettos ». Au programme d'équité, s'ajoutait la création d'une « clause d'inclusivité », qui obligerait l'État à conditionner, pour les entreprises de plus de 500 employés, la dévolution de marchés publics et le bénéfice des subventions publiques au respect par les entreprises des engagements inscrits dans la Charte de la diversité. En avril 2006, 314 entreprises ont signé la Charte de la diversité et l'ont traduite plus ou moins réellement dans les faits. Parmi les entreprises signataires, citons Nestlé, Axa, Accor, Adecco, France Télécom, RATP, Air France, PSA, L'Oréal, Procter et Gamble, Schneider Electric, Walt Disney Europe, IBM, Gaz de France, Arcelor.

---

1. Institut Montaigne, « Les oubliés de l'égalité des chances, participations, pluralité, assimilation… ou repli », contribution de Yazib Zabeg et Laurence Meheignerie, janvier 2004.

Charte de la diversité dans l'entreprise[1]

Favoriser le pluralisme et rechercher la diversité au travers des recrutements et de la gestion des carrières est un facteur de progrès pour l'entreprise. Une telle démarche contribue à son efficacité et à la qualité de ses relations sociales. Elle peut avoir un effet positif sur l'image de l'entreprise vis-à-vis de ses clients, de ses prestataires extérieurs et de ses consommateurs, en France et dans le reste du monde.

La Charte de la diversité adoptée par notre entreprise a pour objet de témoigner de notre engagement, en France, en faveur de la diversité culturelle, ethnique et sociale au sein de notre organisation.

En vertu de cette charte, nous nous engageons à :

1. Sensibiliser et former nos dirigeants et collaborateurs impliqués dans le recrutement, la formation et la gestion des carrières aux enjeux de la non-discrimination et de la diversité.

2. Respecter et promouvoir l'application du principe de non-discrimination sous toutes ses formes et dans toutes les étapes de gestion des ressources humaines que sont notamment l'embauche, la formation, l'avancement ou la promotion professionnelle des collaborateurs.

3. Chercher à refléter la diversité de la société française et notamment sa diversité culturelle et ethnique dans notre effectif, aux différents niveaux de qualification.

4. Communiquer auprès de l'ensemble de nos collaborateurs notre engagement en faveur de la non-discrimination et de la diversité, et informer sur les résultats pratiques de cet engagement.

5. Faire de l'élaboration et de la mise en œuvre de la politique de diversité un objet de dialogue avec les représentants des personnels.

6. Inclure dans le rapport annuel un chapitre descriptif de notre engagement de non-discrimination et de diversité : actions mises en œuvre, pratiques et résultats.

▶▶▶

---

1. www.institutmontaigne.org.

▶▶▶
> Une version pour les PME est en cours d'élaboration en 2006, en partenariat avec le Centre des jeunes dirigeants d'entreprise[1].

Le Centre des jeunes dirigeants d'entreprise (CJD) : une vision sociétale et stratégique de la diversité

Le CJD est un groupement de 2 600 dirigeants de PME. Depuis 1938, ce mouvement progressiste milite pour une conception de l'économie au service de l'homme et développe une vision humaniste de l'entreprise. Le CJD a mis en place de nombreux chantiers autour du développement durable, de la responsabilité sociale de l'entreprise et de la performance globale. Ce concept vise à traduire dans une démarche à

---

1. Début 2004, Les oubliés de l'égalité des chances, ouvrage co-écrit par Yazid Sabeg et Laurence Méhaignerie et publié par l'Institut Montaigne, lançait l'idée d'une Charte de la diversité pour encourager les entreprises à refléter dans leur effectif les diverses composantes de la société française, et à faire de la non-discrimination et de la diversité un axe stratégique. Cette initiative a, depuis, fait son chemin. La Charte a suscité l'intérêt de plusieurs grandes entreprises qui ont directement contribué à sa rédaction dans le cadre de l'Association française des entreprises privées (AFEP). Lors du lancement de la Charte, en octobre 2004, quatre organismes (ANDCP, CJD, Entreprise et Personnel et IMS-Entreprendre pour la Cité) se sont engagés, en tant que partenaires de la Charte, à assurer sa promotion. Ils ont été rejoints rapidement par Alliances, l'Institut de l'Entreprise. Le MEDEF rejoint les partenaires de promotion en mars 2006, en proposant aux MEDEF territoriaux de se faire le relais de la promotion de la Charte à travers l'organisation d'évènements de sensibilisation ou de séances de signatures. Le Ministre délégué à la promotion de l'égalité des chances, le FASILD (Fonds d'action et de soutien pour l'intégration et la lutte contre les discriminations) et la Direction de la population et des migrations soutiennent activement le déploiement de la Charte de la diversité. IMS-Entreprendre pour la Cité, assure le Secrétariat général de la Charte de la diversité depuis septembre 2005. Les orientations du Secrétariat sont définies par le comité de pilotage composé de l'ensemble des partenaires nationaux. La promotion de la Charte se poursuit au niveau régional et départemental par la recherche de partenaires locaux susceptibles de relayer sa promotion.

la fois stratégique et opérationnelle la triple finalité de l'entreprise : économique, environnementale et sociale[1].

En mai 2004, le CJD, dans la Charte du bien entreprendre, affirmait sa volonté de progresser pour « *faire de la diversité une force pour l'entreprise et mettre en œuvre une politique active de non-discrimination, prenant notamment en compte le sexe, l'âge, les handicaps, l'origine raciale et ethnique* ».[2]

Ce mouvement considère qu'il est nécessaire de sensibiliser tous les publics sur les questions de l'égalité des chances, de créer des synergies entre tous les acteurs et de mettre en commun les expériences de chacun afin de dégager des axes de bonnes pratiques. Il propose également de conditionner l'attribution de marchés publics à une politique socialement responsable.

Sous l'impulsion de sa présidente Françoise Cocuelle, la première démarche a consisté à réaliser une enquête auprès de ses membres. Cette enquête avait révélé que les dirigeants ont une tendance naturelle à recruter des personnes qui leur ressemblent en termes de profils et de culture et qu'ils n'ont pas conscience de la difficulté d'accès à l'emploi des minorités visibles.

Le CJD a ensuite lancé une expérimentation visant à sensibiliser les chefs d'entreprise à la notion de diversité, qui doit être envisagée avant tout comme « *une richesse et source de performance pour l'entreprise* », le CJD a édité un outil de sensibilisation utilisé lors de réunions de travail ou de conférences. Enfin, il a élaboré avec IMS-Entreprendre pour la Cité un guide d'autodiagnostic à destination de ses membres. Cet outil testé auprès d'une centaine de PME, présente une grille de critères qui permet d'évaluer la situation de son entreprise et d'y apporter des pistes d'amélioration. La diversité y est considérée comme un enjeu stratégi-

---

1. Centre des jeunes dirigeants d'entreprise, *Le guide de la performance globale*, Éditions d'Organisation, 2004.
2. www.cjd.net.

que et le questionnement se rapporte autant à la relation avec le client, le fournisseur, les ressources humaines, que la société civile.[1]

L'ANDCP : une vision RH de la diversité

L'Association nationale des directeurs et cadres de la fonction personnel, regroupant les responsables de ressources humaines de 4 400 entreprises sur tout le territoire français, est susceptible de devenir un acteur majeur de la lutte contre les discriminations puisque ses membres sont tous des recruteurs et sont impliqués dans les politiques de ressources humaines en passe d'être réformées au nom de l'égalité des chances.

Sous l'impulsion de son vice-président, Pascal Bernard, l'association développe la notion « d'égalité positive » en garantissant l'égalité des chances qu'elle oppose à la discrimination positive et aux quotas. Ainsi, lors d'une opération de recrutement, il est important que toutes les candidatures soient examinées sans préjugé. S'il est envisageable d'élargir les viviers traditionnels de recrutement, il n'est pas question de sélectionner des candidats moins compétents sous prétexte de leur appartenance à telle ou telle minorité.

L'ANDCP insiste sur la nécessité d'ancrer la diversité dans le dialogue social, mais aussi sur l'utilité de disposer d'outils de mesure pour « jauger » les effets réels des politiques et principes affichés.

L'association projette de développer un label, sous l'égide du ministère concerné et dont l'objectif sera d'inciter les entreprises à développer leurs bonnes pratiques en matière de diversité. Ce label concernerait toutes les formes de diversité : « *sexuelle, ethnique, sociale, âge, orientation sexuelle, handicap, mode de vie* ». Il serait décerné par le ministère concerné, après avis d'une commission tripartite (État, représentant des salariés, représentant des employeurs), après enquête d'un organisme certificateur indépendant (AFAQ).

---

1. Voir chapitre 7.

Chapitre 5

Cinq bonnes raisons pour développer la diversité dans l'entreprise

Si tant d'entreprises s'engagent dans des politiques de lutte contre les discriminations, qu'ont-elles à y gagner ? Pourquoi devraient-elles s'intéresser à cette question ? Leur rôle n'est-il pas avant tout de faire des profits ? Ne s'agit-il pas d'un problème de société qui n'a rien à voir avec elles et qu'elles laissent volontiers aux acteurs politiques et sociaux. Rien n'est moins sûr !

En premier lieu, de plus en plus d'entreprises assument leur responsabilité sociale, par éthique ou en réponse à la pression de la société civile, de leurs clients et des investisseurs.

Au-delà du principe de *responsabilité sociale*, qu'est ce que les entreprises auraient à gagner à ouvrir leur recrutement à plus de diversité ? Est-il acceptable de considérer la diversité sous l'angle de la raison d'affaire (*business case*), et l'argumentaire économique ne paraît-il pas utilitariste au regard du principe de l'égalité des chances ? La pénurie de compétences, la nécessité de répondre aux exigences nouvelles des clients, la recherche d'efficacité des équipes sont une réalité et correspondent à de puissants enjeux de performance. De même, la politique de diversité de l'entreprise (ou son absence) pourra avoir des conséquences sur son image ; d'éventuelles pratiques discriminatoires seront préjudiciables à sa réputation et lui ouvriront ou non des marchés. Considérer qu'en plus d'une finalité éthique, l'entreprise en retire un bénéfice constitue une motivation essentielle et stratégique pour s'engager dans le changement !

La diversité :
un engagement socialement responsable

De plus en plus, les entreprises seront amenées à prendre en compte les impacts sociaux et sociétaux de leurs pratiques. Tous les domaines sont concernés et la fonction ressources humaines, plus particulièrement le recrutement, n'est pas épargnée. Peut-on recruter sans se poser la question du respect des personnes, des conséquences des politiques de recrutement sur un territoire, du développement de l'employabilité et de la gestion des compétences ? La garantie de la non-discrimination et de l'égalité professionnelle constitue un engagement nécessaire d'une entreprise soucieuse de son environnement.

Certes, sont encore tenaces des visions libérales telles que celles de l'économiste Milton Friedman, pour lequel la seule responsabilité sociale de l'entreprise consiste à satisfaire ses actionnaires, en respectant les règles de saine compétition.

Mais, à contre-courant de cette vision, un mouvement de fond sur le plan mondial, à la fois idéologique, politique et juridique, relayé par des pratiques concrètes d'entreprises, fait émerger une vision élargie de la finalité de l'entreprise. Si celle-ci a pour objectif de générer des richesses, elle ne peut limiter son action à la seule maximisation des profits. Partie intégrante de la société qui l'abrite, où elle trouve ses ressources et ses débouchés, elle ne peut négliger les intérêts de son environnement naturel, social et sociétal. Ce courant se traduit par les concepts de développement durable, de responsabilité sociale des entreprises ou de performance globale.

Le développement durable pense aux générations futures

Le développement durable a été défini à l'Assemblée générale de l'ONU, en 1987, comme un « *développement qui doit répondre aux besoins des générations actuelles sans compromettre la possibilité de répondre à ceux des générations à venir* ». Dans cet esprit, l'Agenda 21[1] définit les trois axes fondamentaux d'une sorte de programme commun du développement durable : l'équité sociale, le respect de l'environnement et la croissance économique. Il précise que ces trois objectifs doivent être poursuivis simultanément et que c'est à chaque État, aux acteurs publics et privés de l'adapter pour orienter leur propre stratégie de développement.

L'entreprise devient plus socialement responsable

La responsabilité sociale des entreprises (RSE) est ainsi une sorte d'application concrète du développement durable à l'entreprise. Lors du Conseil européen de Lisbonne, en mars 2000, la RSE a été placée au rang de dimension stratégique pour l'Union. Et, pour le Livre vert de la Commission européenne (juillet 2001) « *être socialement responsable signifie non seulement satisfaire aux obligations juridiques applicables, mais aller au-delà et investir davantage dans le capital humain, l'environnement et les relations avec les parties prenantes* ». Depuis, la pression légale s'accentue.

En France, par exemple, la loi sur les nouvelles régulations économiques du 15 mai 2001[2] stipule que le rapport annuel des entreprises cotées sur le marché doit inclure des informations sur la manière dont la société prend en compte les conséquences sociales et environnementales de son activité. De même, le nouveau code des marchés publics autorise l'introduction des considérations sociales ou environnementales dans les clauses d'un marché public.[3]

---

1. Établi lors du sommet de Rio, en 1992.
2. Loi n° 2001-420 du 15 mai 2001.
3. Articles 14 et 53 du code des marchés publics (nouveau).

La diversité de l'entreprise pour que « la Cité se porte mieux »

Une politique de lutte contre les discriminations au sein de l'entreprise n'est pas seulement liée à la fonction ressources humaines. L'étendue de sa responsabilité sociale ne s'applique pas uniquement en interne, mais aussi dans ses interactions avec son environnement social. La diversité est au cœur d'une problématique sociétale. Elle pose la question du modèle de développement de l'entreprise : quelle est sa finalité ? Quel type de société mon entreprise se propose-t-elle de façonner ? Pour Claude Bebéar, président d'Axa et de l'Institut Montaigne et initiateur de la Charte de la diversité dans l'entreprise, « *le rôle de l'entreprise n'est pas seulement économique... Chaque entreprise doit pouvoir s'investir avec les moyens dont elle dispose, afin que la Cité se porte mieux* ».

L'investissement est davantage socialement responsable

Aux côtés des organisations nationales et internationales, les investisseurs s'inscrivent également dans ce courant : l'investissement socialement responsable (ISR), qui sélectionne les entreprises au vu de l'appréciation de leur performance sociale et environnementale, s'est considérablement développé. Il représente déjà 15 % des montants investis aux États-Unis[1].

En parallèle se sont créées des agences de notation sociale (Innovest aux États-Unis, Vigéo et BMJ-Core-Rating en France) dont le but est d'évaluer la performance des entreprises sur des critères éthiques, sociaux et environnementaux. Ce sont de véritables outils d'aide à la

---

1. Sur le marché français, les encours ont progressé de 94 % en 2005, passant de plus de 5 milliards, fin 2004, à presque 10 milliards, fin 2005. Novethic, le centre d'expertise de la Caisse des dépôts et consignations – investissement socialement responsable (ISR), 23 juillet 2004, www.novethic.fr.

décision pour les opérateurs financiers et qui ont un retentissement important sur l'image de l'entreprise.[1]

Le candidat « partie prenante » : une nouvelle relation à l'entreprise

La question de la discrimination est centrale dans une politique de responsabilité sociale car elle concerne à la fois les salariés en son sein, les candidats en externe et la société tout entière. Et ce n'est pas un hasard si tous les codes de conduite et normes sociales incluent le principe de non-discrimination (voir encadré). La « théorie des parties prenantes » rend bien compte des obligations de l'entreprise à l'égard de tous ces acteurs. Cette théorie considère que la finalité de l'entreprise n'est pas uniquement de satisfaire le besoin de maximisation de l'actionnaire, mais d'atteindre un équilibre équitable entre les différentes « parties prenantes » : c'est-à-dire, les salariés, les clients et les fournisseurs, en les traitant comme des partenaires à part égale. Cette approche participe d'un mouvement plus général où les frontières entre l'intérieur et l'extérieur de l'entreprise sont plus instables et moins étanches. L'impact des individus et de groupes externes sur l'entreprise est reconnu et pris en considération.

Par extension, reconnaître le candidat comme « partie prenante » devient particulièrement pertinent pour envisager un nouveau mode de relation de l'entreprise avec celui-ci et l'encourager à repenser sa stratégie de recrutement au regard de la diversité[2]. En effet, l'entreprise lorsqu'elle recrute n'engage pas qu'elle-même, et les retombées sur la société tout entière sont nombreuses. Certes, si une entreprise isolée élimine tel ou tel type de profil, les conséquences sont dommageables

---

1. Voir chapitre 11.
2. Alain Gavand, *Recrutement : les meilleures pratiques*, Éditions d'Organisation, 2005.

pour le seul profil éliminé. Mais si un grand nombre d'entreprises agit de même, nous pouvons imaginer les perturbations au niveau d'une région ou d'un pays.

Les pratiques de recrutement, dans un avenir proche, n'échapperont pas à la prise en compte de ces nouveaux enjeux relatifs à la responsabilité sociale ; ils ne pourront plus être appréciés selon la seule logique d'efficacité de l'entreprise. Reconsidérer son processus de recrutement aujourd'hui amène les différents acteurs concernés à se poser de nouvelles questions, à revisiter et évaluer leurs pratiques au regard de la RSE, mais également au regard des mutations du monde dans lequel l'entreprise évolue.

Exemples de codes de conduite et normes sociales incluant des engagements de non-discrimation

Global Sullivan Principles[1] (1997)

Adopté par l'ONU, c'est un code de conduite principalement orienté sur le respect des droits de l'homme. Il a été initié par le pasteur américain Leon H. Sullivan, contemporain et ami de Martin Luther King et également militant des droits de l'homme.

Originellement publié pour les entreprises que leurs activités conduisaient en Afrique du Sud, ce code engage les sociétés signataires au-delà de cette situation particulière. L'un des engagements consiste *« à promouvoir l'égalité des chances à tous les niveaux de l'entreprise, sans distinction de couleur, de race, de sexe, d'âge ou de religion »*.

---

1. Voir site Internet « www.globalsullivanprinciples.org ».

Le Global Compact[1] (2000)

Le Global Compact est un contrat rédigé sous l'égide de l'ONU, auquel adhèrent librement les entreprises désireuses de s'engager dans une démarche de développement durable.

Le Global Compact invite les entreprises à *« s'autoréguler sans attendre la promulgation des lois »*. Les entreprises comme Air France, Nike, BP, Aventis et Shell se sont engagées à défendre ces principes et à publier chaque année un exemple d'action à mener.

Le principe 6 prône l'élimination de toute forme de discrimination dans le recrutement ou l'affectation des postes.

Une norme sociale : SA 8000[2]

La norme SA 8000 a été créée en 1997 à l'initiative du CEPA (Council on Economic Priorities Agency, une ONG américaine) et élaborée avec de nombreuses organisations spécialisées, dont le BIT.

Elle a pour but de développer un standard international qui permette de vérifier que les pratiques commerciales d'une entreprise sont socialement responsables. Les entreprises engagées dans cette démarche sont certifiées par un organisme tiers[3].

La norme s'inscrit dans la lignée du standard ISO 9000 pour la qualité, et s'appuie sur des documents internationaux fondamentaux tels que les conventions de l'OIT et la Déclaration des Nations Unies pour les droits de l'homme.

Parmi les neuf domaines visés par la norme de performance sociale, figure la non-discrimination. Ainsi *« l'entreprise n'admettra ni ne pratiquera la discrimination en matière d'embauche [...] basée sur des critères de race, de caste, de nationalité, de religion, de handicap, de sexe, d'orientation sexuelle, d'appartenance syndicale, d'engagement politique ou d'âge »*.

---

1. Voir « www.globalcompact.org ».
2. Norme SA 8000 Social Accountability 8000, version 2001 (voir site Internet www.sa-intl.org).
3. Accrédité par le CEPAA, Council on Economic Priorities Accreditation Agency.

> ▶▶▶
> Voir également l'Ethical Trading Initiative[1] (ETI), ainsi que la Fair Labour Association (FLA)[2].

La diversité pour répondre aux attentes des clients

Une entreprise plus proche de ses clients

Pour faire face à l'évolution des marchés, l'entreprise doit être au plus proche de ses clients et de leur territoire.

Pour le groupe Total, la diversité est une question de légitimité et de compétitivité. Catherine Ferrant[3], directrice de l'innovation sociale et de la diversité, explique que le groupe pétrolier doit percevoir la sensibilité culturelle et politique des marchés sur lesquels il opère. Elle ajoute que Total intervenant de plus en plus dans des pays émergents, la situation où les cadres français dirigent seuls sera de moins en moins acceptée dans les pays producteurs. C'est le « permis d'opérer » de total qui est en jeu.

Dans la même logique, ne peut-on pas considérer que plus l'entreprise développera la diversité, plus elle sera à même de comprendre les besoins de ses clients, et donc d'y répondre ? C'est dans cet esprit que l'entreprise GrandOptical, leader du marché de l'optique, a lancé en France une campagne de recrutement à l'attention « des seniors ». L'enseigne, en effet, a souhaité « *mettre en adéquation ses équipes avec sa clientèle* » et s'apprêtait à recruter en 2005 une cinquantaine de colla-

1. « www.ethicaltrade.org »
2. « www.fairlabor.org »
3. Interview citée dans « À la recherche de la diversité dans les rapports du CAC 40, diversité et non-discrimination dans le reporting développement durable des entreprises du CAC 40 », Novethic études, décembre 2005.

borateurs de plus de 40 ans, pour des métiers en optique ou en vente, alors que la moyenne d'âge est actuellement de 30 ans. Sont prévus également des recrutements de collaborateurs de plus de 50 ans. L'entreprise fera bénéficier à ces nouveaux salariés des sessions de formation interne. Selon la chaîne de magasin : « *Qui mieux qu'un senior peut comprendre et répondre aux attentes d'un senior ?* »[1]

Au-delà des effets favorables pour les populations généralement discriminées, ne faut-il pas être vigilant en ce qui concerne la motivation de telles politiques de recrutement ? Poussées à l'extrême, elles consisteraient à rechercher des candidats qui ressembleraient à leurs clients : des femmes pour vendre à des femmes, des noirs pour vendre à des noirs, des jeunes pour vendre à des jeunes ? Ne risque-t-on pas d'ethniciser encore plus les métiers ? Il serait préférable de considérer que la diversité au sens large, par la confrontation à la différence, apporte en écoute, en ouverture et en créativité, et que, dans ce sens, elle développe une posture pour mieux répondre aux attentes des clients.

Des acheteurs qui imposent la diversité

De nouveaux comportements apparaissent chez des consommateurs, plus vigilants aux conséquences de leurs achats et plus demandeurs d'éthique.

---

1. La motivation de l'entreprise The Home Depot est tout autre. L'enseigne américaine, spécialisée dans la vente de meubles et de produits ménagers, a lancé en janvier 2006 une campagne de recrutement de personnes de 55 ans et plus. Cette initiative est développée en partenariat avec la puissante association américaine de retraités AARP et vise à promouvoir l'accès à l'emploi des seniors. Elle s'inscrit dans une démarche sociale puisque pour prétendre à ces emplois, il faut justifier de revenus modestes et être au chômage. C'est également un moyen pour certains d'obtenir les dix années nécessaires afin de prétendre au régime d'assurance-maladie. Ce programme est d'ailleurs financé par des fonds publics.

De même, les acheteurs des grands groupes soumettent de plus en plus leur politique de sélection de fournisseurs à des critères de responsabilité sociale, conformément aux orientations nouvelles de certaines directions générales. Les entreprises qui se sont engagées dans une politique de lutte contre les discriminations peuvent créer une réelle dynamique auprès de leurs fournisseurs. À l'instar des démarches qualité des donneurs d'ordres qui ont impulsé la certification ISO 9001 à leurs fournisseurs, les grands groupes doivent très rapidement définir des règles d'achats et imposer des engagements en matière de non-discrimination. Quel sens a une politique diversité de la part d'un grand groupe si son cabinet de recrutement ou son entreprise de nettoyage pratiquent la discrimination ? Aussi, tous les appels d'offres devraient contenir ce type de clauses, à la condition que les exigences soient respectées de la part des donneurs d'ordres eux-mêmes et qu'ils contrôlent la réalité des engagements de leurs fournisseurs. C'est le cas de la politique d'Air France lors de ses appels d'offres auprès de ses prestataires (voir encadré ci-après). De même, en janvier 2006, le groupe industriel Schneider Electric, dans ses contrats avec ses prestataires de recrutement, a décidé d'insérer une clause de non-discrimination : « *Les parties rappellent que les processus de recrutement appliqués au sein de Schneider Electric France, et plus généralement au sein des sociétés du groupe Schneider Electric, et pour lesquelles le client recourt aux compétences du prestataire, doivent être effectués à l'exclusion de toute pratique discriminatoire, conformément aux dispositions légales. Toute infraction à ces dispositions constatées par l'une des parties pourra entraîner la rupture immédiate du présent contrat.* »

Ainsi, en cascade, c'est l'ensemble de la chaîne des fournisseurs et sous-traitants, et donc également les PME, qui sont concernés par ces nouvelles exigences sociétales.

Au-delà du caractère contraignant de ces pressions externes, bon nombre d'entreprises saisissent l'opportunité pour valoriser leur positionnement responsable et se différencier de leurs concurrents.

Néanmoins, ces nouvelles démarches nécessitent des moyens humains et techniques supplémentaires. Ceux-ci doivent être reconnus, soit par un accès réservé aux appels d'offres, soit par un niveau de prix plus élevé.

Air France.
Charte de développement durable
imposée à ses prestataires

Dans le cadre d'un appel d'offres, l'entreprise intègre dans son cahier des charges une Charte de développement durable. En effet, Le président d'Air France s'est engagé, en avril 2003, auprès du secrétaire général des Nations Unies à soutenir et promouvoir les principes du Global Compact dans la sphère d'influence du groupe Air France et à les intégrer dans la stratégie et les opérations quotidiennes de la compagnie avec ses partenaires. Ce courrier, qui formalise l'engagement d'Air France dans les domaines de l'éthique et du développement durable, conduit la délégation générale aux achats à rappeler à ses prestataires de biens ou de services les principes que chacun d'entre eux s'engage à défendre et à respecter en contractant avec Air France.

Le prestataire, en contractant avec Air France, déclare pour le domaine des pratiques sociales (extrait) :

• Respecter la réglementation sociale, ainsi que toute la réglementation spécifique à son activité. Le prestataire s'engage notamment à ne pratiquer aucune discrimination en matière d'embauche et de gestion du personnel et promouvoir l'égalité de traitement professionnel ;

• Promouvoir auprès de ses propres partenaires et sous-traitants les principes de cette charte. Le prestataire s'engage à promouvoir auprès de ses propres fournisseurs, prestataires et/ou sous-traitants, les principes ci-dessus évoqués. Il s'engage également

> ▶▶▶
>
> auprès d'Air France à s'assurer que ses fournisseurs, prestataires et/ou sous-traitants respectent l'ensemble des principes défendus par la présente charte ;
>
> • Accepter la possibilité pour Air France de procéder à des audits afin de vérifier l'application des principes de cette charte.

Dans le cadre de l'évolution du marché, des entreprises pionnières pourront faire pression pour que l'ensemble d'un secteur d'activité obéisse à ces nouveaux standards. À titre d'exemple, l'association À compétence égale[1], créée en mars 2006 et qui regroupe une dizaine de cabinets de recrutement représentant environ la moitié du marché des cabinets français, fait suite à l'initiative de quelques cabinets marginaux par leurs prises de position sur les questions de l'égalité des chances. Aujourd'hui, plusieurs de ces cabinets ont anticipé l'évolution du marché et ont déjà entrepris des actions concrètes au sein de leurs cabinets. Leurs positions sont en voie de s'imposer dans la profession et commencent à être adoptées par le syndicat Syntec-recrutement.

Les entreprises de tous les secteurs, en retard sur ces questions de diversités risquent d'être sanctionnées par leurs clients et d'être devancées par leurs concurrents.

La diversité au secours de la pénurie de compétences

En rejetant des groupes entiers, l'entreprise se prive de ressources qui pourraient lui être utiles. Cette sur-sélectivité a en effet un coût économique : l'entreprise exclut des compétences, et cela est d'autant plus dommageable pour elle lorsqu'il y a pénurie de talents.

---

1. www.acompetenceegale.org

L'étude du Commissariat général du Plan et de la DARES[1] révèle que le nombre de postes à pourvoir sur le marché du travail devrait augmenter fortement quand les générations nées après 1945 arriveront en fin de carrière, avec un rythme de 600 000 départs par an de 2005 à 2015. Même avec un rythme de croissance du PIB de 2 % en moyenne par an et un taux de chômage de 7,5 %, le nombre de postes à pourvoir devrait être important et équivalent aux années 1998 à 2001. À court terme, des difficultés de recrutement sont à prévoir.

L'étude du Commissariat général du Plan et de la DARES annonce des tensions en matière de recrutement :

- **Une tension dans certains métiers et fonctions :**

  - La tertiarisation de l'économie sera renforcée, avec à la fois plus de cadres et plus d'emplois peu qualifiés. On constatera une demande accrue d'informaticiens, de cadres commerciaux, administratifs, comptables et financiers. Les entreprises, en effet, auront des besoins d'expertise beaucoup plus importants : études de marché, mercatiques, audits, conseils juridiques. L'emploi qualifié se développera dans le conseil en recrutement, la formation professionnelle et la communication ;

  - Les postes à pourvoir seront nombreux à tous les niveaux de qualification dans les filières en expansion, comme la logistique, et dans la fonction commerciale ;

  - Il faudra davantage d'infirmières et d'aides soignantes ;

  - La fonction publique connaîtra de forts besoins de renouvellement, même si tous les emplois ne sont pas remplacés ;

---

1. Olivier Chardon, Marc-Antoine Estrade et Fabien Toutlemonde, « Les métiers en 2015 : l'impact du départ des générations du baby-boom », Premières informations et premières synthèses, décembre 2005, n° 50.1, DARES.

- Des besoins importants s'exprimeront dans les emplois peu qualifiés dans les services aux personnes (aide aux personnes dépendantes, gardes d'enfants) ;
- Dans le secteur de la banque et de l'assurance, les postes à pourvoir seront particulièrement importants parmi les cadres ;
- Enfin, les difficultés de recrutement seront accrues dans les métiers les moins attractifs comme les postes d'assistante maternelle, d'aide à domicile, d'agent d'entretien, et d'employé de maison, où le temps partiel contraint est fréquent ;

• **Un développement de la promotion interne.** Les grandes entreprises devraient favoriser la promotion interne pour les postes qualifiés, grâce aux viviers de salariés parfois fort diplômés et susceptibles d'occuper des postes plus élevés du fait de leur expérience et de leurs formations suivies en interne. Ainsi, les besoins de recrutements externes se reporteraient alors largement sur des postes moins qualifiés ;

• **Une tension sur les salaires.** À la différence des grandes entreprises, les entreprises de petite taille n'auront pas la possibilité de construire des filières de mobilité interne et n'auront d'autres solutions que de proposer des salaires élevés pour attirer une main-d'œuvre expérimentée ;

• **La nécessité pour les entreprises d'adapter leur organisation.** Les entreprises seront également conduites à modifier leurs modes d'organisation du travail et des profils d'embauche. Par exemple, on exigera davantage de polyvalence et d'adaptation du salarié aux contraintes et demandes du client, afin d'accroître la souplesse et la réactivité aux évolutions du marché, dans certains métiers,

L'étude conclut que paradoxalement, la hausse du nombre de postes à pourvoir ne se traduira pas par une baisse du chômage, à moins que des mesures d'accompagnement des entreprises dans leur changement d'organisation ne soient mises en place et qu'une aide aux personnes éloignées du marché de l'emploi ne soit proposée.

La pénurie de main-d'œuvre dans certains secteurs est déjà une réalité. Une politique de recrutement plus ouverte à des profils diversifiés est certainement le moyen de réduire notre taux de chômage endémique et d'intégrer toute une population exclue.

Nous pouvons également parier que si l'on puise dans un vivier plus large, les tensions salariales seront moins importantes que dans le cas d'un vivier restreint.

Interview de Sylvain Breuzard[1]

Sylvain Breuzard est président-directeur général du groupe Norsys, SSII, et a mis en place en 2004 le projet « Manager la diversité ».

Pourquoi avez-vous mis en place ce projet ?

Sylvain Breuzard : *« Nous avons été animés par des raisons internes : ce projet devait permettre de professionnaliser les pratiques en matière de RH, notamment dans les domaines du recrutement, de l'intégration, de la rémunération et de la formation. Il devait également donner un nouvel élan aux pratiques de management dans l'entreprise : mieux manager la diversité pour obtenir une meilleure performance collective. »*

Qu'est ce qui a déclenché cette démarche ?

Sylvain Breuzard : *« Nous avions des difficultés de recrutement, et une réflexion s'est engagée au sein de l'entreprise sur nos critères de recrutement et sur la nécessité d'être plus ouverts à des profils différents de ceux que nous sélectionnions jusqu'alors. Les résultats de l'Observatoire des discriminations nous ont convaincus qu'il y avait un problème dans la société française. L'entreprise a souhaité s'engager sur une question sociétale. Nous avons également signé la Charte de la diversité dans l'entreprise impulsée par Claude Bébéar. »*

---

1. Interview par Alain Gavand le 19 avril 2006.

La diversité est source de performance des équipes

La diversité dans l'entreprise peut constituer un atout pour faire face aux nouveaux enjeux économiques, ainsi qu'à une complexité et à une globalisation grandissantes de l'environnement. Les ressources humaines sont différenciatrices des autres entreprises. C'est de la richesse des collaborateurs de l'entreprise que dépend sa performance. Le différentiel de modes de fonctionnement intellectuels et de cultures apporte une créativité accrue. Les problèmes sont traités de manière bien plus riche que dans une approche monolithique et mono-culturelle.

Gaspard, patron d'une PME, est en voyage d'affaires à San Francisco. Il a rendez-vous avec l'une de ses clientes... et est accueilli par son assistant. Au moment du rendez-vous, il confie à son interlocutrice : « *J'ai été très étonné de voir que vous avez un assistant, et pas une assistante...* » *Celle-ci lui répond : « Ah bon ? Je ne vois pas pourquoi. »* Gaspard retourne en France... et quelques mois plus tard, l'un de ses collaborateurs a besoin de remplacer *son assistante*. Les recrutements sont ouverts ; et parmi les deux finalistes, un homme, Matthieu, et une jeune femme sont retenus. Et malgré les réticences du collaborateur, « *je ne le vois pas à ce poste* », le choix de l'homme s'impose : « *il maîtrise mieux l'informatique et démontre davantage d'aptitudes relationnelles ; il est plus compétent.* »

Depuis l'arrivée de Matthieu, la culture a un peu évolué dans l'entreprise de Gaspard. On ne dit plus « l'assistante » ; on ne lui demande plus de préparer le café et Gaspard réfléchit déjà à la manière de faire évoluer le poste d'*assistant* vers une plus grande prise de responsabilité. Du coup, toutes les femmes assistantes de l'entreprise bénéficient de l'arrivée de Matthieu !

La question que tout chef d'entreprise doit se poser est bien celle de l'efficacité de la diversité dans ses équipes. Celle-ci contribue-t-elle à plus de performance économique ? Plusieurs études encore embryonnaires tentent d'en apporter la démonstration. Ainsi, Watson, Kumar et Michelson[1] ont étudié la différence d'interactions et de performance selon que le groupe est homogène ou divers, en termes de sexe, de race et d'origine nationale durant une période de 17 semaines. Ces auteurs démontrent que la diversité des analyses et des solutions proposées est dépassée par le groupe hétérogène.

L'impact de la diversité culturelle sur le processus collaboratif et sur la performance[2]

Description de l'expérimentation

Des groupes de quatre à cinq étudiants ont été formés, certains dits « homogènes », d'autres « hétérogènes ». Un groupe hétérogène était constitué d'étudiants d'origines nationales ou ethniques diverses.

Des missions d'étude de cas d'entreprises leur ont été confiées. Quatre indicateurs ont été définis pour mesurer la performance globale :
- La diversité des analyses ;
- La qualité de l'identification du problème ;
- La qualité de la solution recommandée ;
- La diversité des propositions faites.

Le processus collaboratif a été évalué par questionnement régulier des participants.

Résultats

Au départ, les groupes homogènes ont obtenu de meilleurs résultats que les groupes hétérogènes sur les deux variables étudiées, le processus collaboratif et la performance globale. Au cours du temps, les deux types de groupes ont montré des progrès à la fois en termes de collaboration et de performance. Les différences entre les groupes ont décru.

▶▶▶

---

1. Warren E. Watson, Kamalesh Kumar et Larry K. Michaelsen "Cultural diversity's impact on interaction process and performance : comparing homogeneous and diverse task groups", Academy of Management Journal, 1993, vol. 36, n° 3, 590-602).
2. Cette étude a été synthétisée et analysée par Sylvain Côme, délégué général d'Éthique & Recrutement.

▶▶▶

À la dix-septième semaine, il n'y avait quasiment plus de différences entre les groupes au niveau du processus collaboratif. La performance globale était également la même, mais des différences fortes existaient entre les groupes sur les différents indicateurs de performance. Si les groupes homogènes sont restés plus performants sur la qualité de la solution recommandée et sur la qualité de l'identification du problème, les groupes hétérogènes les ont dépassés en diversité des analyses et diversité des solutions proposées. Par ailleurs, les groupes hétérogènes ont gardé un rythme de progression supérieur sur les quatre dimensions.

Cette étude montre :

- Au départ, le score du groupe homogène est supérieur à la fois en termes de collaboration, de performance et de diversité de solutions proposées ; mais à partir de la treizième semaine, la diversité des solutions proposées devient supérieure et, à partir de la dix-septième semaine, la performance globale du groupe hétérogène dépasse celle du groupe homogène ;

- La diversité culturelle a un impact fort sur la capacité d'apprentissage et sur deux des critères de la performance globale ;

- Mais elle révèle également que l'intérêt de la diversité culturelle variera fortement selon le type de mission que doit conduire une équipe. Vraisemblablement, plus le contexte demandera sur le long terme une forte réactivité, innovation, capacité d'adaptation, plus la diversité se révélera source de performance. Ce contexte semble être de plus en plus celui des entreprises globales et mondialisées, aux environnements changeants de plus en plus rapidement, sous plus forte pression concurrentielle ;

- L'étude met en évidence les processus qui permettent d'accélérer l'évolution positive des groupes hétérogènes. Des *feedbacks* réguliers sur les résultats atteints et des comparaisons avec les autres groupes régulièrement fournies, de même qu'un contexte favorisant les échanges internes en vue d'une adaptation des pratiques suite à ces *feedbacks*, sont des facteurs déterminants de progrès. C'est un enseignement intéressant pour les « managers de la diversité ».

▶▶▶

1ᵉʳ indicateur de performance : diversité des analyses

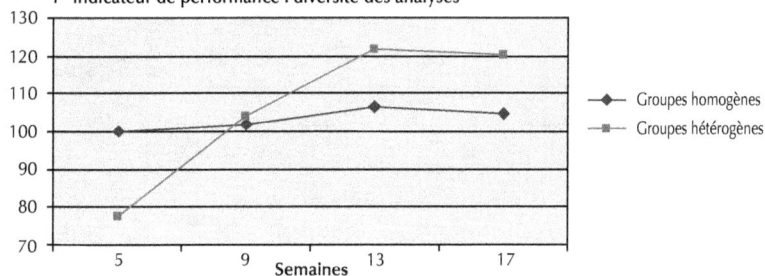

2ᵉ indicateur de performance : qualité de l'identification du problème

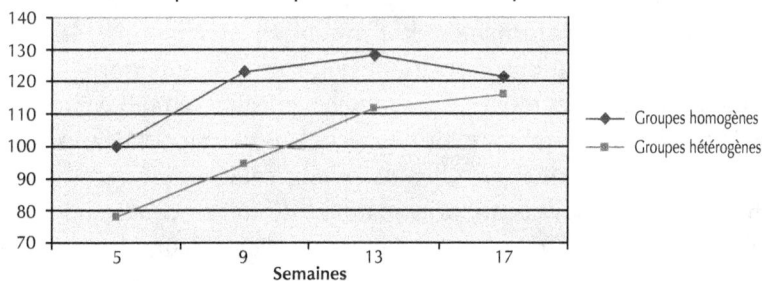

3ᵉ indicateur de performance : diversité des propositions faites

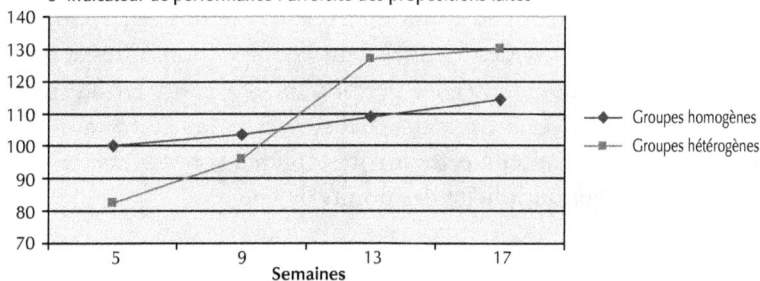

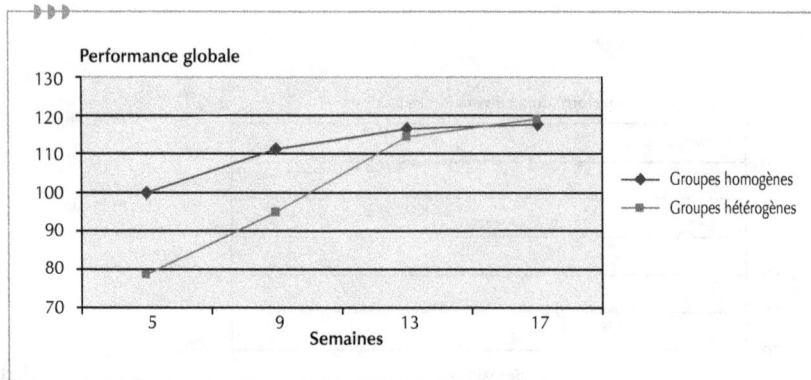

Sophie Landrieux-Kartochian[1], dans sa revue de la littérature sur le lien entre diversité et performance de l'entreprise, ne relate pas véritablement d'expérimentations permettant de prouver la supériorité de performance des équipes mixtes. En revanche, plusieurs études démontrent que la présence de femmes peut renforcer la performance commerciale. La féminisation permet en effet de mieux coller aux caractéristiques démographiques des clients principaux et de mieux comprendre leurs préférences et leurs attentes, et notamment celles de leurs clientes. Cette mixité permet également d'avoir des équipes plus créatives.

Certains auteurs vont jusqu'à analyser l'impact de la féminisation des équipes de direction sur le cours de Bourse. Theresa M. Welbourne[2] observe que la présence des femmes dans l'équipe dirigeante est un facteur susceptible d'augmenter les performances à court terme (mesuré par le cours initial) et à trois ans (hausse des cours et rentabilité des entreprises). Selon l'auteur, cette mixité explique la performance accrue car elle favorise la multiplicité des points de vue.

---

1. Sophie Landrieux-Kartochian « La contribution des femmes à la performance ; une revue de la littérature », Document d'études, n° 83, octobre 2004, DARES.
2. Cité par Sophie Landrieux-Kartochian.

En 2004, Catalyst a réalisé une étude pour tester le lien entre la présence des femmes dans les équipes de direction et la performance[1] de 353 entreprises (parmi les Fortune 500) entre 1996 et 2000. Les entreprises aux équipes de direction les plus féminisées ont un taux de rendement des capitaux propres plus élevé d'un tiers et un rendement global pour l'actionnaire supérieur de 34 %. Notons que ces corrélations n'impliquent pas forcément un lien de cause à effet.

Ces études sont encore rares, et il convient, comme le fait remarquer Sophie Landrieux-Kartochian, d'être vigilant sur les risques que représente la recherche de spécificités féminines car cette approche peut renforcer les stéréotypes.

Au-delà des corrélations scientifiques entre la diversité des équipes et leur performance il est intéressant de constater que les salariés eux-mêmes plébiscitent cette diversité. Ils considèrent, en effet que la diversité exerce un impact positif sur leur travail. Ainsi un récent sondage[2] révèle que plus de la moitié des personnes interrogées pensent que la diversité est positive pour :

- l'adaptation aux changements,
- la performance de l'entreprise,
- la capacité de l'équipe à innover,
- la motivation de l'équipe,
- le climat social de l'entreprise.

---

1. Taux de rendement des capitaux propres et rendement global pour l'actionnaire.
2. Sondage réalisé par BVA, Observatoire du travail, 8ᵉ édition, « La diversité en entreprise », pour *L'Express*, en partenariat avec Bernard Brunhes Consultants, en mars 2006, auprès de 1 405 personnes.

Si la direction de l'entreprise a conscience des enjeux de responsabilité sociale et de performance économique, elle ne doit pas non plus ignorer les impacts positifs et négatifs de ses politiques de diversité sur son image.

La diversité améliore l'image de l'entreprise

En premier lieu, l'entreprise doit être attentive à son image vis-à-vis de ses clients tout autant qu'à son image d'employeur. Aujourd'hui, les directions des ressources humaines veulent développer leur « marque employeur », à la fois pour attirer des candidats talentueux et pour que les salariés se sentent fiers d'appartenir à l'entreprise. L'*employer branding* est constitué de domaines qui incluent l'équilibre entre la vie professionnelle et la vie personnelle, la gestion des carrières, la politique de rémunération, la culture et la qualité du management. La politique diversité en constitue une des composantes majeures. L'*employer branding* exerce un rôle important dans la capacité de l'entreprise à attirer et à fidéliser ses salariés ainsi qu'à réduire son *turn-over*.

Les pratiques discriminatoires font également courir à l'entreprise un risque de réputation. Les clients, les salariés et les candidats à l'embauche, y compris ceux qui ne sont pas les cibles des discriminations, sont, en effet, de plus en plus sensibles à ces questions et n'hésitent pas à condamner ces pratiques.

Celles-ci pourraient également être sanctionnées par les investisseurs qui entrent désormais dans des logiques d'investissement socialement responsable. Toutes les sociétés de notation extra-financière incluent d'ailleurs, dans leurs audits, des critères relatifs à la politique diversité ou égalité.[1]

---

1. Voir chapitre 11.

Le risque médiatique n'est pas à négliger non plus ; enjeu extrêmement médiatisé, la discrimination est aujourd'hui « le sujet chaud », et une action en justice est très préjudiciable à l'image. Même sans condamnation, la simple assignation à comparaître au tribunal pour des actes discriminatoires donne de l'entreprise une image extrêmement désagréable. Ainsi, en février 2003, le cabinet de recrutement Michael Page a-t-il été secoué par la révélation dans la presse de l'existence de fiches d'évaluation des candidats, rédigées par certains consultants, comportant des annotations racistes ou sexistes. Le cabinet n'a pas été poursuivi en justice, mais sa réputation de professionnalisme, écornée dans la presse, a souffert. Comment chiffrer le coût d'une réputation à bâtir et à restaurer ? Quoi qu'il en soit, Michael Page International a tiré les conséquences de l'incident et, pour éviter que cette situation ne se reproduise, a défini une politique offensive de lutte contre les discriminations. Bien sûr, les faits reprochés n'étaient pas liés à une politique délibérée d'entreprise, mais le cabinet a pris conscience des risques graves qu'il encourait en ne maîtrisant pas les agissements de certains de ses collaborateurs à cette étape de son process. Pour sortir de cette situation de crise, le cabinet a fait preuve d'une attitude constructive et d'une grande réactivité en mettant en place une politique de lutte contre les discriminations, ce qui lui a permis aujourd'hui d'être en avance sur bon nombre de ses concurrents sur la question des discriminations.

En mars 2006, la 31e chambre correctionnelle du tribunal de Paris a ouvert un procès concernant Districom, filiale événementielle d'Adecco, et son client Garnier, filiale de L'Oréal. Des critères de recrutement explicitement discriminatoires auraient été fixés à la demande de la société cliente tout au long de l'année 2000. Le procès qui s'ouvre concerne un millier de dossiers. Cette information diffusée dans la presse est très embarrassante pour le groupe Adecco qui a mis en place un important programme de lutte contre les discriminations en instaurant un dispositif d'alerte et en sensibilisant les intérimaires. Tout autant que pour L'Oréal, signataire de la Charte de la diversité dans l'entreprise. Le fait d'être accusé nuit à l'image, quelle que soit la réalité.

▷ 4. Et vous ?

Avez-vous parfois ressenti un décalage entre vos positions éthiques et celle de votre hiérarchie ou, plus généralement, celle de votre entreprise sur les questions de diversité ?

....

....

....

En tant que consommateur ou acheteur, seriez-vous prêt à sanctionner une entreprise en retard sur les questions de lutte contre les discriminations ?

....

....

....

Avez-vous été confronté à une équipe marquée par une grande diversité ? Comment l'avez-vous vécu ? Cette situation a-t-elle été source de performance ou de difficulté ?

....

....

....

*Considérez-vous que la pénurie de compétence est une motiva-
tion « acceptable » pour développer la diversité ?*

....

....

....

*Et dans votre entreprise, quel serait le facteur déclenchant qui,
selon vous, favoriserait l'ouverture des recrutements à une plus
grande diversité ?*

....

....

....

Chapitre 6

Prendre en compte le risque juridique

Respect de la loi et risque juridique

Une raison supplémentaire susceptible d'inciter la direction de l'entreprise et les recruteurs à respecter les principes de non-discrimination est d'appliquer la loi. L'entreprise doit prendre en compte le risque qu'elle encoure sur le plan juridique, lorsque ces pratiques sont dénoncées.

Et des entreprises ont déjà été sanctionnées. Citons, par exemple le cas du Bal du Moulin Rouge. En 2003, la Cour d'Appel de Paris[1] a condamné l'association du Restaurant du Bal du Moulin Rouge, en tant que personne morale, à une amende délictuelle de 10 000 euros pour avoir refusé d'embaucher deux personnes à un poste de commis de salle, en raison de leur ethnie ou de leur race : en l'occurrence, parce qu'elles étaient de couleur noire. La secrétaire du restaurant en charge du recrutement et de la gestion du personnel de salle a été condamnée à une amende de 1 500 euros. La victime a reçu la somme de 4 500 euros à titre de dommages et intérêts et SOS Racisme qui était également partie civile, la somme de 2 500 euros. Les juges ont également-

---

1. Cour d'Appel de Paris, 17 octobre 2003.

ment ordonné la publication de la décision rendue dans la presse (qui a eu lieu dans *Le Monde* et dans *Le Parisien*)[1].

Jusqu'alors le risque pénal était encore minime : si la sanction encourue par le responsable d'une entreprise qui enfreint la loi correspond à une peine de 3 ans de prison et une amende de 45 000 €, dans les faits la condamnation prononcée n'a jamais dépassé 6 mois de prison avec sursis et une amende relativement faible. Une analyse de la jurisprudence[2] avait montré en 2004 que les condamnations étaient peu nombreuses. Néanmoins, il semble que, sous l'impulsion des associations de lutte contre les discriminations, le nombre et la portée des procès augmentent de manière significative au cours de ces dernières années.

La création en décembre 2004 de la Haute Autorité de lutte contre les discriminations et pour l'égalité (HALDE) devrait renforcer cette tendance. Depuis son installation par le chef de l'État, le nombre de réclamations enregistrées à la Haute Autorité ne cesse d'augmenter. Elle reçoit en moyenne 15 réclamations par jour. L'ensemble des réclamations couvre tous les critères de discrimination, avec une forte prédominance des réclamations concernant le critère de l'origine (39 %), du handicap santé (13 %), et de l'âge (6 %). Près de la moitié des réclamations concernent le domaine de l'emploi (46 %). Cela souligne l'ampleur des phénomènes discriminatoires en France. À l'instar de la Commission for Racial Equality[3], créée il y a 30 ans en Angleterre (1 365 plaintes en 2004 et 2005, pour la seule discrimination raciale, auxquelles il faudrait rajouter celles des commissions pour les autres motifs de discrimination), il y a fort à parier que le nombre de plaintes demeure soutenu en France.

1. Voir également : Samuel Thomas, Rapport d'analyse des affaires récentes de discriminations à l'embauche poursuivies par SOS Racisme, http://www.sos-racisme.org.
2. Alain Gavand, *Recrutement, les meilleures pratiques,* Éditions d'Organisation, 2005.
3. Cité par Yazid Sabeg et Laurence Méhaignerie, *Les oubliés de l'égalité des chances,* Hachette, 2006.

Trop de dirigeants d'entreprises, de directeurs des ressources humaines, de managers ou de recruteurs ignorent la loi, et il importe de connaître tant les obligations relatives à la non-discrimination que les recours possibles de la part des victimes et des institutions existantes.

La HALDE (Haute autorité de lutte contre les discriminations et pour l'égalité)[1]

Son rôle

- Lutter contre les discriminations prohibées par la loi ;
- Fournir toute l'information nécessaire ;
- Accompagner les victimes ;
- Identifier et promouvoir les bonnes pratiques pour faire entrer dans les faits le principe d'égalité.

Qui peut saisir la HALDE ?

Peuvent saisir directement la Haute Autorité, toute personne s'estimant victime de discrimination, les associations de lutte contre les discriminations, un député, un sénateur ou un représentant français au parlement européen. La Haute Autorité peut aussi se saisir d'office des cas de discrimination directe ou indirecte dont elle a connaissance, sous réserve que la victime, lorsqu'elle est identifiée, ait été avertie et qu'elle ne s'y soit pas opposée.

Comment la HALDE traite les saisines ?

La Haute Autorité étudie les plaintes qui lui sont transmises. Elle transmet aux personnes les informations sur les procédures adaptées et aide la personne à constituer son dossier. Elle dispose de pouvoirs d'investigation pour instruire les dossiers.

➤➤➤

---

1. www.halde.fr

Toutes les réclamations sont étudiées par une équipe de juristes et font l'objet d'un travail d'expertise juridique. La HALDE informe le public, caractérise une discrimination dont les personnes ont pu être victimes, les conseille dans leurs démarches juridiques et les aide à établir la preuve de la discrimination, le cas échéant.

Elle recueille toutes les informations sur les situations portées à sa connaissance, évalue la discrimination et aide à trouver une solution concrète pour rétablir l'égalité de traitement.

Elle dispose de pouvoirs d'enquête pour établir la preuve de la discrimination.

Elle peut faire procéder à des auditions et des vérifications sur place et se faire communiquer toute information. Les personnes mises en cause ou sollicitées sont tenues de répondre à ses demandes.

La Haute Autorité peut demander à l'auteur d'une discrimination d'y mettre fin et rendre publique son intervention.

Lorsqu'une solution peut être obtenue sans procès, la Haute Autorité peut proposer une médiation et, avec l'accord des parties, nommer un médiateur.

Action en justice : en cas de procès, la personne est informée des procédures et des recours possibles, et peut demander l'intervention de la Haute Autorité devant le tribunal civil, le tribunal correctionnel, le conseil des prud'hommes, les tribunaux administratifs, afin qu'elle donne son avis.

Elle informe le procureur de la République lorsque des faits constitutifs d'un crime ou d'un délit sont portés à sa connaissance. La direction juridique veille à l'instruction des réclamations.

Les nouvelles mesures introduites par la loi de 2006

Depuis la loi du 31 mars 2006[1], la HALDE a vu renforcer ses prérogatives. Elle est désormais autorisée à proposer et conclure une transaction pénale – incluant une amende transactionnelle et, s'il y a lieu,

---

1. Loi n° 2006-396 du 31 mars 2006, pour l'égalité des chances, articles 41 à 44.

▶▶▶

une indemnisation de la victime – avec l'auteur des faits discrimina-toires. Cette transaction est ensuite soumise à l'homologation d'un magistrat.

La HALDE peut proposer également, en complément ou à titre d'alternative, une communication par voie d'affichage, de communi-cation auprès des délégués du personnel ou du comité d'entreprise, de diffusion dans la presse ou par communication électronique.

Les actes tendant à la mise en œuvre ou à l'exécution de la transaction sont interruptifs de la prescription de l'action publique. L'exécution de la transaction constitue une cause d'extinction de l'action publique.

La loi renforce également le pouvoir des agents. Ceux-ci peuvent constater par procès-verbal les délits de discrimination, notamment dans les cas de pratique de *testing* (art. 225-3-1 du code pénal).

Désormais, lorsque la HALDE demande à être entendue par une juri-diction pénale, civile ou administrative, cette audition est de droit, et le juge ne peut s'y opposer, contrairement aux dispositions préalables qui prévoyaient seulement la possibilité d'être entendue.

Quiz : testez vos connaissances juridiques sur les discriminations[1]

1. Pouvez vous citer quatre motifs de discrimination condamnés par la loi ?

☐ a. Oui   ☐ b. Non

2. Qui doit apporter la preuve de la discrimination ?

☐ a. L'employeur

☐ b. La victime de la discrimination

---

1. Réponse en fin de ce chapitre, p. 121.

3. Qui peut exercer une action en justice relative à la discrimination ?

- ☐ a. Les délégués du personnel
- ☐ b. Les organisations syndicales
- ☐ c. Les associations régulièrement constituées depuis au moins cinq ans pour la lutte contre les discriminations
- ☐ d. La HALDE
- ☐ e. L'inspection du travail

4. La discrimination, notamment à l'embauche, est punie de ?

- ☐ a. Un an
- ☐ b. Deux ans
- ☐ c. Trois ans
- ☐ d. Quatre ans d'emprisonnement

5. L'amende est de ?

- ☐ a. 15 000 €
- ☐ b. 25 000 €
- ☐ c. 35 000 €
- ☐ d. 45 000 €

6. Des sanctions disciplinaires peuvent être encourues par une personne reconnue coupable de discrimination, s'il s'agit d'un salarié de l'entreprise.

- ☐ a. Vrai   ☐ b. Faux

7. Aucun métier ne peut être réservé exclusivement à un homme ou une femme.

- ☐ a. Vrai   ☐ b. Faux

8. La grammaire française considérant qu'un nom masculin a valeur pour les deux genres, il est possible de mentionner les titres des postes au masculin (par exemple, ouvrier, directeur).

- ☐ a. Vrai   ☐ b. Faux

9. Le chef d'entreprise soumet pour avis au comité d'entreprise ou, à défaut, aux délégués du personnel un rapport écrit permettant d'apprécier la situation comparée des hommes et des femmes de l'entreprise en matière d'emploi ?

☐ a. Chaque année

☐ b. Tous les deux ans

☐ c. Tous les trois ans

10. Chaque année, l'employeur doit engager une négociation sur les objectifs en matière d'égalité professionnelle entre les femmes et les hommes dans l'entreprise et sur les mesures permettant d'atteindre ces objectifs.

☐ a. Vrai   ☐ b. Faux

11. Il est possible de mentionner une limite d'âge supérieure dans une annonce ou un nombre limité d'année d'expérience.

☐ a. Vrai   ☐ b. Faux

12. L'interdiction de l'accès à l'emploi ou la mise en place de conditions de travail spéciales en vue d'assurer la protection des jeunes et des travailleurs âgés ne constitue pas une discrimination.

☐ a. Vrai   ☐ b. Faux

13. Il est possible de collecter dans un dossier de candidature ou lors d'un entretien les informations suivantes : date d'entrée en France, date de naturalisation, nationalité d'origine.

☐ a. Vrai   ☐ b. Faux

14. Il est possible de collecter dans un dossier de candidature ou lors d'un entretien des informations relatives au détail de la situation militaire sous la forme « objecteur de conscience, ajourné, réformé, motifs d'exemption ou de réformation, arme, grade ».

☐ a. Vrai   ☐ b. Faux

15. Il est possible de collecter dans un dossier de candidature ou lors d'un entretien des informations relatives à l'entourage familial du candidat (nom, prénom, nationalité, profession et employeur du conjoint, ainsi que nom, prénom, nationalité, profession, employeur des parents, des beaux-parents, des frères et sœurs et des enfants).

☐ a. Vrai   ☐ b. Faux

16. Il est possible de collecter dans un dossier de candidature ou lors d'un entretien des informations relatives à l'état de santé, la taille le poids et la vue.

☐ a. Vrai   ☐ b. Faux

17. L'entreprise de plus de 200 personnes a une obligation d'emploi en faveur des travailleurs handicapés.

☐ a. Vrai   ☐ b. Faux

18. Cette obligation d'emploi de travailleurs handicapés doit être respectée dans la proportion de :

☐ a. 2 %

☐ b. 3 %

☐ c. 6 % de leur effectif salarié

Les textes juridiques clés

La plupart des textes internationaux en matière de droits de l'homme ou relatifs à la responsabilité sociale intègrent en effet le principe de non-discrimination. Il est difficile d'être exhaustif, tant ces textes sont nombreux ; citons parmi eux

- La Déclaration universelle des droits de l'homme (1948) ;

- La Charte des droits fondamentaux de l'Union européenne (2000) ;

- Les conventions de l'ONU[1] ;

- Les conventions de l'Organisation internationale du travail (OIT)[2]

---

1. Convention de l'ONU sur l'élimination de toute les formes de discrimination raciale (1965), à l'égard des femmes (1979).
2. La convention n° 111 concernant la discrimination (1958), la convention n° 100 sur l'égalité de rémunération (1951), la convention n° 159 sur la réadaptation professionnelle et l'emploi des personnes handicapées (1983), la convention n° 142 sur la mise en valeur des ressources humaines (1975), la recommandation n° 162, sur les travailleurs âgés (1980).

- Les déclarations de l'OIT[1].

Citons également les directives de l'Union européennes qui ont été ensuite transcrites en droit français[2].

La loi du 16 novembre 2001, s'inspirant de ces principes et les renforçant, apporte des obligations à l'employeur.

Voici une revue des principales obligations en France en matière de discrimination.

Textes communs à tous les motifs de discrimination

Qu'appelle-t-on discrimination ?

La loi relative à la lutte contre les discriminations n° 2001-1066 du 16 novembre 2001 énonce clairement par l'article 1er (article L. 122-45 du code du travail) les motifs de discrimination.

« Aucune personne ne peut être écartée d'une procédure de recrutement [...] ou faire l'objet d'une mesure discriminatoire, directe ou indirecte, en raison de son origine, de son sexe, de ses mœurs, de son orientation sexuelle, de son âge, de sa situation de famille, de son appartenance ou de sa non-appartenance, vraie ou supposée, à une ethnie, une nation ou une race, de ses opinions politiques, de ses activités syndicales ou mutualistes, de ses convictions religieuses, de son apparence physique, de son patronyme ou, sauf inaptitude constatée par le médecin du travail dans le cadre du titre IV du livre II du présent code, en raison de son état de santé ou de son handicap. »

---

1. La déclaration de l'OIT relative aux principes et droits fondamentaux du travail (1998), la déclaration de principes tripartites sur les entreprises multinationales et la politique sociale.
2. Vous trouverez en annexe une synthèse des textes français et internationaux les plus importants.

La discrimination peut être directe ou indirecte

La loi du 16 novembre 2001 définit les motifs de discrimination et précise qu'elle peut être directe ou indirecte.

La notion de discrimination indirecte ne fait pas l'objet d'une définition juridique en droit français. Il convient donc de se reporter à celle donnée par les directives communautaires. La discrimination indirecte se produit lorsqu'une disposition, un critère ou une pratique apparemment neutre, est susceptible d'entraîner un désavantage particulier pour des personnes par rapport à d'autres personnes, à moins que cette disposition, ce critère ou cette pratique apparemment neutre ne soit objectivement justifié par un objectif légitime, et que les moyens de réaliser cet objectif ne soient appropriés et nécessaires.

La charge de la preuve de la discrimination incombe à l'employeur

La charge de la preuve incombe désormais à l'employeur sur la base des éléments de fait laissant supposer l'existence d'une discrimination. C'est donc à lui de prouver qu'il n'y a pas eu violation du principe d'égalité de traitement. Cette mesure permet de ne pas priver le travailleur victime présumé d'une discrimination apparente de tout moyen efficace de faire respecter le principe d'égalité. Comme cela est précisé dans la loi du 16 novembre 2001, c'est à la partie défenderesse de prouver que sa décision est justifiée par des éléments objectifs étrangers à toute discrimination.

« Le juge forme sa conviction après avoir ordonné, en cas de besoin, toutes les mesures d'instruction qu'il estime utiles. »[1]

La loi du 31 mars 2006[2] intègre également la pratique du *testing* comme mode de preuve. Pour établir une discrimination à l'embauche, le principe consiste à répondre à des offres d'emploi en envoyant des

---

1. Art. L. 122-45 du code du travail.
2. Loi n° 2006-396 du 31 mars 2006.

candidatures relativement similaires et qui ne diffèrent que par une caractéristique (origine, sexe, âge, handicap…). Les agents de la HALDE sont aujourd'hui habilités à constater les délits constitués lors d'un *testing*.

Les délégués du personnel ont un droit d'alerte

La procédure du droit d'alerte a été créée par la loi du 31 décembre 1992 et codifiée par l'article L. 422-1-1 du code du travail.

Les délégués du personnel, informés d'une atteinte aux droits des personnes, résultant notamment de toute mesure discriminatoire en matière d'embauche, doivent en saisir l'employeur. Celui-ci ou son représentant « *est tenu de procéder sans délai à une enquête avec le délégué et de faire en sorte de remédier à la situation* ». En cas de carence de l'employeur ou de divergence sur la réalité de cette atteinte et à défaut de solution trouvée avec l'employeur, le salarié ou le délégué (si le salarié concerné averti par écrit ne s'y oppose pas), saisit le conseil des prud'hommes qui statue en référé. Le juge peut ordonner toutes mesures propres à faire cesser cette atteinte et assortir sa décision d'une astreinte liquidée au profit du Trésor[1].

Les organisations syndicales et les associations peuvent exercer une action en justice relative à la discrimination

Des dispositions particulières sont prévues afin de faciliter les actions en justice des salariés ou des candidats à un emploi, fondées sur la violation du principe de non-discrimination.

Les organisations syndicales de salariés, représentatives au plan national ou dans l'entreprise, peuvent engager une action en discrimination en

---

1. Art. L. 422-1-1 du code du travail.

lieu et place du candidat à un emploi, à condition d'avoir informé l'intéressé par écrit et que celui-ci ne s'y soit pas opposé dans les quinze jours[1].

Les associations régulièrement constituées depuis au moins cinq ans pour la lutte contre les discriminations peuvent également exercer ce type d'action, sous réserve de justifier de l'accord écrit de l'intéressé[2]. Dans le cadre de la lutte contre les discriminations liées au handicap, l'action peut également être intentée, sous les mêmes conditions, par les associations œuvrant dans le domaine du handicap.

Quel est le rôle des inspecteurs du travail ?

Les inspecteurs du travail sont compétents pour veiller à l'application des dispositions relatives à la non-discrimination et pour constater les infractions afférentes[3]. Ils ont la possibilité de relever directement par voie de procès-verbal les infractions de discrimination. Ils peuvent se faire communiquer tout document ou élément d'information permettant d'établir l'existence éventuelle d'une discrimination.

Les témoins et les salariés victimes sont-ils protégés ?

La loi du 16 novembre 2001 a également apporté un système de protection des témoins : aucun salarié ne peut être sanctionné, licencié ou faire l'objet d'une mesure discriminatoire pour avoir témoigné ou relaté des faits discriminatoires[4], que la discrimination soit fondée ou non.

Quelles sont les condamnations civiles, pénales et disciplinaires encourues ?

La discrimination peut faire l'objet d'une plainte auprès du procureur de la République, du commissariat de police, de la gendarmerie ou du doyen des juges d'instruction du tribunal de grande instance.

---

1. Art. L. 122-45-1 du code du travail.
2. Art. L. 122-45-1 du code du travail.
3. Art. L. 611-9 du code du travail
4. Art. L. 122-45 al. 3 du code du travail

La discrimination, notamment à l'embauche selon l'article 225-2 du code pénal, est punie de trois ans d'emprisonnement et de 45 000 euros d'amende auxquels peuvent s'ajouter des dommages et intérêts. Les personnes morales peuvent aussi être déclarées responsables pénalement d'actes de discrimination.

De plus, des sanctions disciplinaires peuvent être encourues par une personne reconnue coupable de discrimination, s'il s'agit d'un salarié de l'entreprise.

Les dispositions de l'article précédent ne sont pas applicables aux discriminations fondées sur l'état de santé ou le handicap. C'est le cas, lorsqu'elles consistent en un refus d'embauche fondé sur l'inaptitude médicalement constatée. De même, une discrimination fondée sur le sexe n'est pas considérée lorsque, conformément au code du travail, aux lois relatives à la fonction publique, l'appartenance à l'un ou l'autre sexe constitue la condition déterminante de l'exercice d'un emploi[1].

Les obligations relatives au recrutement

Les informations collectées et stockées en vue de sélectionner un candidat doivent avoir un lien direct avec les emplois proposés :

« Les informations demandées, sous quelque forme que ce soit, au candidat à un emploi ou à un salarié ne peuvent avoir comme finalité que d'apprécier sa capacité à occuper l'emploi proposé ou ses aptitudes professionnelles. Ces informations doivent présenter un lien direct et nécessaire avec l'emploi proposé ou avec l'évaluation des aptitudes professionnelles. Le candidat à un emploi ou le salarié est tenu d'y répondre de bonne foi. »[2]

---

1. Art. 225-3 du code pénal
2. Art. L. 121-6 du code du travail et loi n° 92-1446 du 31 décembre 1992.

L'article L. 121-6 définit les informations qu'il est possible de collecter de la part d'un candidat à l'embauche. Elles sont soumises à deux conditions cumulatives :

- Une condition se rapportant à la finalité. Ces informations doivent avoir pour seul but d'évaluer la capacité d'un candidat à l'embauche ;
- Une exigence de lien entre l'emploi et les informations. Ces informations doivent présenter un lien direct et nécessaire avec la proposition d'embauche.

À titre d'exemple, l'employeur ou le cabinet de recrutement ne saurait exiger d'un candidat qu'il fournisse des renseignements sur sa vie privée, sauf s'ils ont un lien direct et nécessaire avec l'emploi proposé.

Le candidat doit être en outre informé, au préalable, des méthodes et techniques d'aide au recrutement utilisées à son égard[1]. Celles-ci doivent être pertinentes au regard du but poursuivi, et les résultats obtenus rester confidentiels à l'égard des tiers.

La CNIL définit les informations non conformes aux dispositions légales[2] : sauf cas particuliers justifiés par la nature très spécifique du poste à pourvoir ou, le cas échéant, par des règles en vigueur dans le pays étranger concerné par le poste, la collecte d'un certain nombre d'informations suivantes n'est pas conforme à ces dispositions légales :

- Date d'entrée en France ;
- Date de naturalisation ;
- Modalités d'acquisition de la nationalité française ;
- Nationalité d'origine ;
- Numéros d'immatriculation ou d'affiliation aux régimes de Sécurité sociale ;

---

1. Art. L. 121-7 du code du travail
2. Selon les recommandations de la CNIL du 21 mars 2002.

- Détail de la situation militaire : sous la forme « objecteur de conscience, ajourné, réformé, motifs d'exemption ou de réformation, arme, grade » ;
- Adresse précédente ;
- Entourage familial du candidat (nom, prénom, nationalité, profession et employeur du conjoint ainsi que nom, prénom, nationalité, profession, employeur, des parents, des beaux-parents, des frères et sœurs et des enfants) ;
- État de santé ;
- Taille ;
- Poids ;
- Vue ;
- Conditions de logement (propriétaire ou locataire) ;
- Vie associative ;
- Domiciliation bancaire ;
- Emprunts souscrits.

Les spécificités juridiques concernant l'égalité homme/femme

L'égalité doit être respectée lors des procédures de recrutement

L'article L. 123-1 du code du travail précise que « *sous réserve des dispositions particulières du présent code et sauf si l'appartenance à l'un ou l'autre sexe est la condition déterminante de l'exercice d'un emploi ou d'une activité professionnelle, nul ne peut :*

a) Mentionner ou faire mentionner dans une offre d'emploi, quels que soient les caractères du contrat de travail envisagé, ou dans toute autre forme de publicité relative à une embauche, le sexe ou la situation de famille du candidat recherché ;

b) Refuser d'embaucher une personne, [...] en considération du sexe ou de la situation de famille ou sur la base de critères de choix différents selon le sexe ou la situation de famille ;

c) Prendre, en considération du sexe, toute mesure, notamment en matière de rémunération [...], d'affectation, de qualification, de classification [...] ».

Un décret en Conseil d'État détermine, après avis des organisations d'employeurs et de salariés les plus représentatives au niveau national, la liste des emplois et des activités professionnelles pour l'exercice desquels l'appartenance à l'un ou l'autre sexe constitue la condition déterminante. Cette liste est révisée périodiquement dans les mêmes formes.

La déclinaison de ce principe se concrétise pour la diffusion d'annonces au travers d'une circulaire (2 mai 1984)[1] qui recommande, lorsque l'offre concernant un emploi dont il existe une dénomination au masculin et au féminin [employé(e), ouvrier(e)], de mentionner les deux genres. Lorsque, au contraire, la dénomination de l'emploi n'existe qu'au masculin ou au féminin, il est recommandé soit d'ajouter une mention indiquant que l'emploi est offert aux candidats des deux sexes (un ingénieur H/F), soit d'utiliser des mots neutres tels que personne(s) chargée(s) de...

L'employeur est tenu d'assurer l'égalité de rémunération entre les hommes et les femmes

L'entreprise est tenue « *d'assurer pour un même travail ou pour un travail de valeur égale, l'égalité de rémunération entre les hommes et les femmes* ». « *Par rémunération, il faut entendre le salaire ou traitement ordinaire de base ou minimum et tous les autres avantages et accessoires payés, directement ou indirectement, en espèces ou en nature, par l'employeur au travailleur en raison de l'emploi de ce dernier.* »

« *Sont considérés comme ayant une valeur égale les travaux qui exigent des salariés un ensemble comparable de connaissances professionnelles consa-*

---

1. Circulaire n° 2-5-1984

crées par un titre, un diplôme ou une pratique professionnelle, de capacités découlant de l'expérience acquise, de responsabilités et de charge physique ou nerveuse. »[1]

« *Les différents éléments composant la rémunération doivent être établis selon des normes identiques pour les hommes et pour les femmes. Les catégories et les critères de classification et de promotion professionnelles ainsi que toutes les autres bases de calcul de la rémunération, notamment les modes d'évaluation des emplois, doivent être communs aux travailleurs des deux sexes.* »[2]

« *Toute disposition figurant notamment dans un contrat de travail, une convention ou accord collectif de travail, un accord de salaires, un règlement ou barème de salaires résultant d'une décision d'employeur ou d'un groupement d'employeurs et qui, contrairement aux articles L. 140-2 et L. 140-3, comporte, pour un ou des travailleurs de l'un des deux sexes, une rémunération inférieure à celle de travailleurs de l'autre sexe pour un même travail ou un travail de valeur égale, est nulle de plein droit. La rémunération plus élevée dont bénéficient ces derniers travailleurs est substituée de plein droit à celle que comportait la disposition entachée de nullité.* »[3]

L'affichage des textes relatifs à l'égalité professionnelle est obligatoire

Le texte des articles L. 123-1 à L. 123-7 est affiché dans les lieux du travail, ainsi que dans les locaux ou à la porte des locaux où se fait l'embauche[4]. Il en est de même pour les articles L. 140-2 à L. 140-7.

---

1. Art. L. 140-2 du code du travail.
2. Art. L. 140-3 du code du travail.
3. Art. L. 140-4 du code du travail.
4. Art. L. 123-7 du code du travail.

Quels sont les contrôles et sanctions possibles en cas d'atteinte au principe d'égalité professionnelle ?

Outre les sanctions applicables en matière de discrimination, les atteintes au principe d'égalité professionnelle sont passibles de sanctions pénales. Elles constituent un délit passible d'une amende de 3 750 euros et (ou) d'un emprisonnement d'un an[1]. Par ailleurs, toute infraction au principe d'égalité de rémunération proprement dit est passible de l'amende prévue pour les contraventions de la 5e classe, appliquée à autant de fois qu'il y a de travailleurs rémunérés dans des conditions illégales[2].

Le défaut d'affichage des textes relatifs à l'égalité de rémunération entre les hommes et les femmes est passible d'une amende prévue par les contraventions de 3e classe. Les inspecteurs du travail et de la main-d'œuvre, les inspecteurs des lois sociales en agriculture ou, le cas échéant, les autres fonctionnaires de contrôle assimilés sont chargés, dans le domaine de leurs compétences respectives, de veiller à l'application des articles L. 140-2 et L. 140-3 ; ils sont également chargés, concurremment avec les officiers et agents de police judiciaire de constater les infractions à ces dispositions[3]. Ils peuvent exiger communication des différents éléments qui concourent à la détermination des rémunérations dans l'entreprise, et, notamment, les normes, catégories, critères et bases de calcul mentionnés à l'article L. 140-3[4]. Le défaut de communication de ces éléments est passible également de l'amende prévue par les contraventions de 3e classe. Le tribunal peut décider d'ajourner le prononcé de la peine en enjoignant l'employeur de rétablir l'égalité professionnelle dans l'entreprise[5].

---

1. Art. L. 152-1-1 du code du travail.
2. Art. R. 154-0 du code du travail.
3. Art. L. 140-6 du code du travail.
4. Art. R. 140-1 du code du travail.
5. Art. L. 152-1-2 du code du travail.

Quels sont les pouvoirs des syndicats ?

Les organisations syndicales, représentatives au plan national ou dans l'entreprise, peuvent engager l'action en discrimination ou en violation du principe d'égalité professionnelle homme/femme, en lieu et place du salarié ou du candidat à un emploi[1].

Un rapport annuel doit être remis au comité d'entreprise ou aux délégués du personnel dans les entreprises d'au moins 50 salariés

Chaque année, le chef d'entreprise soumet pour avis au comité d'entreprise, ou à défaut aux délégués du personnel, un rapport écrit permettant d'apprécier la situation comparée des hommes et des femmes de l'entreprise en matière d'emploi[2].

Ce rapport comporte une analyse sur la base d'indicateurs pertinents reposant notamment sur des :

- Données chiffrées permettant de mesurer les écarts ;
- Données explicatives sur les évolutions constatées ou à prévoir, le cas échéant ;
- Données éventuelles tenant compte de la situation particulière de l'entreprise, affichées dans l'entreprise, afin que les salariés en aient connaissance ;
- Mesures adoptées au cours de l'année écoulée afin d'assurer l'égalité professionnelle, objectifs prévus pour l'année à venir et définition des actions à mener. Dans le cas où des actions prévues par le rapport précédent n'ont pas été réalisées, le rapport donne les motifs de cette inexécution.

---

1. Art. L. 123-6 du code du travail.
2. Art. L. 432-3-1 du code du travail.

Les données chiffrées font l'objet d'une analyse selon le sexe, domaine par domaine :

- Effectifs : répartition par catégorie professionnelle selon les différents contrats de travail, pyramide des âges par catégorie professionnelle ;
- Durée et organisation du travail : répartition des effectifs selon la durée du travail (temps complet, temps partiel > à 50 % ou < ou égal à 50 %), répartition des effectifs selon l'organisation du travail (travail posté, travail de nuit, horaires variables, travail atypique dont travail durant le week-end…) ;
- Rémunération : éventail des salaires, rémunération moyenne mensuelle, nombre de femmes dans les dix plus hautes rémunérations ;
- Conditions de travail : répartition par poste de travail selon l'exposition à des risques professionnels et selon la pénibilité (caractère répétitif des tâches…).

Le rapport est éventuellement modifié pour tenir compte de l'avis motivé des représentants du personnel, puis il est communiqué à l'inspecteur du travail. Tout salarié peut consulter ce rapport.

Obligation de négociation en matière d'égalité professionnelle

Chaque année, l'employeur doit engager une négociation sur les objectifs en matière d'égalité professionnelle entre les femmes et les hommes dans l'entreprise et sur les mesures permettant d'atteindre ces objectifs[1]. Cette négociation a lieu tous les 3 ans lorsqu'un accord collectif comportant de tels objectifs et mesures a été signé dans l'entreprise.

Dans les entreprises comptant au moins 200 salariés, le comité d'entreprise doit constituer une commission de l'égalité professionnelle, notamment chargée de préparer les délibérations relatives au rapport

---

1. Art. L. 132-27 du code du travail.

annuel portant sur l'égalité professionnelle entre les hommes et les femmes[1]. Dans les entreprises de moins de 300 salariés, le rapport annuel sur la situation comparée des femmes et des hommes est inclus dans le rapport annuel unique.

Des mesures incitatives sont proposées aux entreprises en faveur de l'égalité homme/femme, telles que le plan pour l'égalité profession-nelle, le contrat pour l'égalité professionnelle, le contrat pour la mixité des emplois.

Plan pour l'égalité professionnelle

Afin de renforcer l'égalité professionnelle, les entreprises peuvent mettre en place des mesures de rattrapage (formation, organisation du travail…) en faveur des salariées[2]. Contenues dans un plan, si possible négociées avec les délégués syndicaux de l'entreprise, certaines actions en faveur de l'égalité homme/femme peuvent ouvrir droit à une aide financière de l'État dans le cadre des contrats pour l'égalité professionnelle.

Contrat pour l'égalité professionnelle

Prévues par une convention ou un accord collectif applicable à l'entre-prise ou bien encore par un plan pour l'égalité professionnelle, certai-nes actions destinées à rééquilibrer la place des femmes dans l'entreprise peuvent être mises en œuvre avec le soutien financier de l'État. Préalablement, il est nécessaire de conclure un contrat pour l'égalité professionnelle signé entre l'employeur ou un groupement professionnel et le préfet de région après avis des organisations syndica-les de salariés représentatives au plan national.

---

1. Art. L. 434-7 du code du travail.
2. Art. L. 123-4 du code du travail.

Contrat pour la mixité des emplois
(pour les entreprises de 600 salariés au plus)

Conclu entre l'entreprise, une femme nommément désignée et l'État, le contrat pour la mixité des emplois a pour objectif l'embauche, la mutation ou la promotion d'une salariée sur un métier ou une qualification jusqu'à présent peu féminisée. Pour réaliser cet objectif, l'entreprise bénéficie d'une aide financière de l'État.

Les spécificités juridiques en matière de discrimination envers les seniors

L'interdiction de discrimination en raison de l'âge est limitée

Ces différences peuvent notamment consister en :

- L'interdiction de l'accès à l'emploi ou la mise en place de conditions de travail spéciales en vue d'assurer la protection des jeunes et des travailleurs âgés ;

- La fixation d'un âge maximum pour le recrutement fondée sur la formation requise pour le poste concerné ou la nécessité d'une période d'emploi raisonnable avant la retraite[1].

Il est interdit de mentionner une limite d'âge supérieure dans une annonce

Il est interdit de faire publier une offre d'emploi comportant « *mention d'une limite d'âge supérieure exigée du postulant* », sauf obligation légale ou réglementaire[2].

---

1. Art. L. 122-45-3 code du travail.
2. Art. L. 311-4 code du travail.

Les spécificités juridiques de la discrimination à l'encontre des handicapés

Le fait de refuser d'embaucher un candidat en raison de son handicap constitue une discrimination exposant l'employeur, au même titre que les autres discriminations, à des sanctions pénales. Néanmoins, le législateur prévoit des dérogations à ce principe de non-discrimination :

« *Les différences de traitement fondées sur l'inaptitude constatée par le médecin du travail dans le cadre du titre IV du livre II en raison de l'état de santé ou du handicap ne constituent pas une discrimination lorsqu'elles sont objectives, nécessaires et appropriées.* »[1]

« *Les mesures appropriées au bénéfice des personnes handicapées visant à favoriser l'égalité de traitement prévues à l'article L. 323-9-1 ne constituent pas une discrimination.* »

Afin de garantir le respect du principe d'égalité de traitement à l'égard des travailleurs handicapés mentionnés à l'article L. 323-3 du code du travail, les employeurs prennent, en fonction des besoins dans une situation concrète, les mesures appropriées pour permettre aux travailleurs mentionnés aux 1, 2, 3, 4, 9, 10 et 11 de l'article L. 323-3 d'accéder à un emploi ou de conserver un emploi correspondant à leur qualification, de l'exercer ou d'y progresser ou pour qu'une formation adaptée à leurs besoins leur soit dispensée, sous réserve que les charges consécutives à la mise en œuvre de ces mesures ne soient pas disproportionnées, compte tenu des aides qui peuvent compenser en tout ou partie les dépenses supportées à ce titre par l'employeur.

Ces aides peuvent concerner notamment l'adaptation de machines ou d'outillages, l'aménagement de postes de travail, y compris l'accompagnement et l'équipement individuels nécessaires aux travailleurs handicapés pour occuper ces postes, et les accès aux lieux de travail.

---

1. Art. L. 122-45.4 code du travail.

Le refus de prendre des mesures appropriées au sens du premier alinéa peut être constitutif d'une discrimination au sens de l'article L. 122-45-4[1].

L'entreprise a une obligation d'emploi en faveur des travailleurs handicapés

Les établissements de plus de 20 salariés, l'État et les collectivités territoriales doivent employer, à temps partiel ou à temps plein, des travailleurs handicapés dans la proportion de 6 % de leur effectif salarié.

Les bénéficiaires de l'obligation d'emploi sont définis par la loi et comprennent notamment les personnes reconnues travailleurs handicapés par la Commission des droits et de l'autonomie des personnes handicapées (CDAPH) qui s'est substituée aux COTOREP depuis le 1er janvier 2006.

L'employeur peut s'acquitter de son obligation de plusieurs manières :

- En embauchant directement les bénéficiaires de l'obligation d'emploi, et ce, à hauteur de 6 % de l'effectif total de ses salariés (cet effectif est calculé selon les modalités définies à l'article L. 620-10 du code du travail). Ces personnes peuvent être embauchées en contrat à durée indéterminée ou déterminée, à temps plein ou à temps partiel, mais également dans le cadre des contrats d'apprentissage, ou des contrats de professionnalisation ;

- En versant une contribution financière à l'Association pour la gestion du fonds pour l'insertion professionnelle des personnes handicapées (AGEFIPH) ;

- En concluant un accord de branche, de groupe, d'entreprise ou d'établissement qui prévoit la mise en œuvre d'un programme annuel ou pluriannuel en faveur des travailleurs handicapés com-

---

1. Art. L. 323-9-1 du code du travail.

portant obligatoirement un plan d'embauche en milieu ordinaire et deux au moins des actions : plan d'insertion et de formation, plan d'adaptation aux mutations technologiques, plan de maintien dans l'entreprise en cas de licenciement ;

• En concluant des contrats de sous-traitance, de fournitures ou de prestations de services avec des entreprises adaptées (anciennement « ateliers protégés »), des centres de distribution de travail à domicile ou des établissements et services d'aide par le travail (anciennement « centres d'aide par le travail ») ;

• Il peut enfin s'acquitter partiellement de son obligation en accueillant des personnes handicapées dans le cadre d'un stage de formation professionnelle (stage agréé ou rémunéré par l'État ou la région, stage d'accès à l'emploi…).

Toute entreprise qui entre dans le champ d'application de l'article L. 323-1 du code du travail relatif à l'obligation d'emploi des travailleurs handicapés, soit au moment de sa création, soit en raison de l'accroissement de son effectif, dispose d'un délai de trois ans à compter de cette date pour se mettre en conformité avec cette obligation.

Comment s'effectue le contrôle de l'obligation d'emploi des travailleurs handicapés ?

L'obligation d'emploi des travailleurs handicapés fait l'objet d'une déclaration annuelle obligatoire que l'employeur adresse en recommandé avec accusé de réception à la direction départementale du travail, de l'emploi et de la formation professionnelle (DDTEFP) au plus tard le 15 février de l'année suivante. Les obligations déclaratives des employeurs sont précisées par les articles R. 323-9 à R. 323-11 du code du travail.

Quelles sont les sanctions en cas de non-respect de l'obligation d'emploi des travailleurs handicapés ?

En cas de non-respect de l'obligation d'emploi, les employeurs sont astreints à titre de pénalité au versement au Trésor public d'une somme dont le montant est égal au montant de la contribution due ou restant due, calculée en multipliant le nombre de bénéficiaires manquants, le cas échéant, pondéré par 1 500 fois le SMIC horaire, et ce quel que soit l'effectif total de salariés de l'entreprise, majorée de 25 %.

▷ 5. Et vous ?

En tant que recruteur ou manager, les évolutions de la loi ont-elles fait évoluer vos pratiques ?

....

....

....

Considérez-vous que votre connaissance de la loi est suffisante ?

....

....

....

Pensez-vous que vos propres pratiques sont conformes à la loi ?

....

....

....

Estimez-vous que votre entreprise respecte la loi ?

....

....

....

Solutions du quiz de la page 99

Veuillez compter un point par bonne réponse

1. La loi relative à la lutte contre les discriminations n° 2001-1066 du 16 novembre 2001 énonce clairement par l'article 1er (article L. 122-45 du code du travail) les motifs de discrimination : sexe ; mœurs ; orientation sexuelle ; âge ; situation de famille ; caractéristiques génétiques ; appartenance ou non-appartenance, vraie ou supposée, à une ethnie, une nation ou une race ; opinions politiques ; activités syndicales ou mutualistes ; convictions religieuses ; apparence physique ; patronyme ; état de santé ou de son handicap sauf inaptitude constatée par le médecin du travail dans le cadre du titre IV du livre II du code du travail.

2. a.

   En effet, la charge de la preuve incombe à l'employeur.

3. b., c., d.

   En effet, les délégués du personnel ont seulement un droit d'alerte. Les inspecteurs du travail sont compétents pour veiller à l'application des dispositions relatives à la non-discrimination et pour constater les infractions afférentes. Ils ont la possibilité de relever directement par voie de procès-verbal les infractions de discrimination. Ils peuvent se faire communiquer tout document ou élément d'information permettant d'établir l'existence éventuelle d'une discrimination.

Pour ce qui concerne la HALDE, depuis la loi du 31 mars 2006, celle-ci est autorisée à proposer et conclure une transaction pénale, incluant une amende transactionnelle et s'il y a lieu une indemnisation de la victime. Cette transaction est ensuite soumise à l'homologation d'un magistrat.

4. c.

5. d.

6. a.

7. b.

Un décret en Conseil d'État détermine, en effet, après avis des organisations d'employeurs et de salariés les plus représentatives au niveau national, la liste des emplois et des activités profession-nelles pour l'exercice desquelles l'appartenance à l'un ou l'autre sexe constitue la condition déterminante. Cette liste est révisée périodiquement dans les mêmes formes.

8. b.

Une circulaire recommande, en effet, lorsque l'offre concernant un emploi dont il existe une dénomination au masculin et au féminin [employé(e), ouvrier(e)], de mentionner les deux genres.

9. a.

10. a.

Mais cette négociation a lieu tous les 3 ans lorsqu'un accord collectif comportant de tels objectifs et mesures a été signé dans l'entreprise.

11. b.

12. a.

13. b.

En effet, la CNIL définit les informations non conformes aux dispositions légales (selon les recommandations du 21 mars 2002) : la collecte d'un certain nombre d'informations n'est pas conforme à ces dispositions légales, sauf cas particuliers justifiés par la nature très spécifique du poste à pourvoir ou, le cas échéant, par des règles en vigueur dans le pays étranger concerné par le poste.

14. b. → Voir réponse 13.
15. b. → Voir réponse 13.
16. b. → Voir réponse 13.
17. b.
    Ce sont les entreprises de plus de 20 personnes.
18. c.

Total : .../18

Partie 2

Comment agir ?

La mise en place d'une politique de lutte contre les discriminations est complexe et rencontre des résistances importantes de la part des acteurs concernés. Pourquoi ?

Parce que l'entreprise ne perçoit pas toujours les enjeux de la diversité et parce que c'est un sujet sensible, qui confronte les convictions personnelles de chacun, de l'entreprise, et les valeurs de la société en général. Par ailleurs, il conduit à remettre en question les pratiques actuelles. Lorsqu'elles sont modifiées, les nouvelles démarches sont parfois en décalage avec l'environnement de l'entreprise en avance sur ces questions. Ainsi, une entreprise peut vouloir recruter des profils moins habituels et ne pas rencontrer l'adhésion pour ce type de candidats de la part de ses clients ou de ses propres équipes. Il lui faudra assumer ces choix et c'est pourquoi toute politique dans ce domaine doit émaner de la direction générale.

Une telle démarche ne constitue pas qu'un sujet ressources humaines, dont les salariés seraient les seuls bénéficiaires. Le niveau d'engagement concerne bien la stratégie et les relations avec les parties prenantes externes : candidats sur le marché de l'emploi, clients, fournisseurs, partenaires de la société civile, concurrents…

Après l'impulsion de la direction, il est nécessaire de mettre en place des outils de concertation avec les salariés et si l'entreprise est plus importante, de dialogue social, en associant les représentants des salariés, et notamment les syndicats. Cet échange permettra de dresser un état des lieux et de définir, sous forme de plans d'action ou d'accords, les grands axes de la politique d'égalité des chances.

L'étape suivante sera de sensibiliser les salariés à la problématique, sous forme de groupes de travail internes et de formations. Il sera nécessaire de revoir la totalité des procédures de recrutement, que ce soient les méthodes de recherche de candidats ou d'évaluation (CV anonyme, nouvelle technique d'entretien, test…). Des solutions devront être trouvées afin de garantir que le traitement de la candidature est le plus égalitaire et le plus objectif possible.

L'entreprise devra également s'interroger sur les actions à mener en aval et en amont du recrutement, afin de s'assurer qu'elle offre le maximum de chances à tous les profils de candidats de la rejoindre et que cette intégration sera couronnée de succès.

Enfin, pour dépasser la simple déclaration, l'entreprise est contrainte de mettre en place des outils de mesure (indicateurs) ainsi que des contrôles internes ou externes (audit, *auto-testing*) pour elle-même, afin de progresser, et pour les parties prenantes à l'égard desquelles elle a des obligations d'information et de « résultat ».

Chapitre 7

Premier axe : mettre en place
une stratégie d'« égalité des chances »

La décision d'engager une entreprise dans la voie de la lutte contre les discriminations a des conséquences à maints niveaux : obligation de soutenir sa politique auprès de ses collaborateurs et des clients, exemplarité au niveau du comité de direction, intégration et promotion des nouveaux collaborateurs « issus de la diversité », formation des recruteurs, des services ressources humaines et des autres salariés, révision des procédures de recrutement… L'ouverture de son entreprise à la diversité procède nécessairement d'un choix stratégique. La direction générale devra préalablement discerner les enjeux de cette nouvelle stratégie et identifier en quoi celle-ci constitue une opportunité[1]. Il lui faudra l'assumer avec force, donner l'impulsion et les moyens de sa réalisation.

Des freins à surmonter ?

Avant de lancer son entreprise dans l'aventure de la diversité, un dirigeant sera bien sûr amené à se poser toutes sortes de questions et à émettre des objections :

- *« La diversité, est-ce un sujet d'entreprise ? »*
- *« Est-ce à moi, en tant que dirigeant de m'en occuper ? »*

---

1. Voir chapitre 5 et 6

- *« Notre entreprise doit-elle assumer toute la misère du monde ? »*

- *« À quel point sommes-nous concernés par ce sujet de société qui nous dépasse ? »*

- *« Et nos clients ? Que vont-ils penser, si leurs interlocuteurs sont tout d'un coup plus vieux, ou de couleur, ou handicapés, à la différence de ceux qu'ils avaient l'habitude de rencontrer ? »*

- *« Et les salariés de l'entreprise ? Seront-ils à même d'accueillir et d'inté-grer des profils différents ? N'avons-nous pas construit toute la politique de l'entreprise sur des valeurs et une identité forte ? »*

Car là est la question, il s'agit bien de changer les habitudes de toutes les parties prenantes de l'entreprise. Et dans un contexte économique parfois tendu, les marges de manœuvre sont faibles.

- *« Ce projet, si éthique soit-il, ne va-t-il pas fragiliser mon entreprise ? »*

- *« Avons-nous finalement les moyens d'assumer nos positions éthiques ? »*

- *« Et bien sûr, cela va me prendre du temps de définir les procédures, de m'assurer qu'elles sont mises en place et d'œuvrer au changement des mentalités. »*

Une autre réaction de la part de l'entreprise pourra consister à mettre en avant la diversité bien réelle de ses équipes, tel ce restaurateur : « *Venez dans mon établissement, vous verrez que je suis ouvert à tous les profils, y compris ceux issus de l'immigration.* » Celui-ci comprend effectivement des femmes, des personnes de couleur… sauf que leur sont réservés les postes « à la plonge ». Dans une entreprise de bâtiment, ce sera un poste d'ouvrier plutôt que de chef d'équipe… Le problème est que nous retrouvons ces minorités visibles seulement à certaines fonctions et plutôt en bas de l'échelle de la hiérarchie. Cette « éthnicisation » des tâches constitue une autre forme de discrimination.

Ces questions sont réelles et, quelle que soit la réponse apportée par le chef d'entreprise, elles valent mieux que le déni de la réalité : « *Il n'y a pas de discrimination à l'embauche dans mon entreprise.* » Et l'entrepreneur créatif pourra y trouver des opportunités pour son développement.

▷ 6. Et vous ?

Dans votre entreprise, pensez-vous que le principe de non-discrimination est respecté ? Pourquoi ?

....

....

....

Dans votre entreprise, considérez-vous que la chance est donnée à tous et à tous les postes ? Pourquoi ?

....

....

....

Dans votre entreprise, quels freins identifiez-vous à une démarche diversité ?

....

....

....

La stratégie d'« égalité des chances » s'inscrit dans le cadre de la stratégie générale de l'entreprise

L'action de l'entreprise est inspirée par la poursuite d'intérêts supérieurs et par les objectifs stratégiques : choix des domaines d'activité, nature et intensité de l'engagement. Pour cela, il est nécessaire d'identifier, d'évaluer et de comparer ses forces et faiblesses par rapport à celles des concurrents ; d'analyser les évolutions de l'environnement pour y déceler des conditions propices ou défavorables à l'action.

Depuis les années soixante, les formes de concurrence ont changé et portent davantage sur les ressources, en particulier celles sur lesquelles toutes les autres sont construites : les savoirs et savoir-faire développés dans l'action. Ceux-ci constituent un avantage concurrentiel durable. Ainsi, la stratégie concerne « *la question et la maîtrise des ressources et compétences permettant à une firme de se différencier de ses concurrents, de déployer ses activités, d'innover ou de disposer d'une flexibilité suffisante pour s'adapter aux évolutions de l'environnement et aux stratégies de ses concurrents* »[1]. Ces ressources comprennent à la fois les actifs tangibles, c'est-à-dire physiques ou matériels, tels que les équipements, et les actifs intangibles, immatériels ou impalpables : aptitudes, capacités, savoirs, réputation, image de marque, droits de propriété intellectuelle, informations, compétences. Regrettons que dans cette définition de la stratégie, ne soit pas suffisamment posée la question de la finalité de l'entreprise !

Pourquoi la stratégie de l'entreprise devrait-elle intégrer la question de la diversité ? Tout d'abord, parce que ce choix renvoie à la finalité de l'entreprise et à ses impacts sur son environnement social, et donc à sa responsabilité sociale. Deuxièmement, cette orientation peut lui permettre de répondre aux exigences éthiques de ses clients, mais aussi à

---

1. Christian Huttin et Jean-Claude Tarondeau, *Dictionnaire de stratégie d'entreprise*, Vuibert, 2006.

mieux les comprendre. Troisièmement, la diversité est une réponse à la pénurie de compétences. Elle contribue également à la performance des équipes et dans un contexte économique compétitif, c'est un atout fortement différenciateur. Cinquièmement, méconnaître les risques de réputation ou juridiques peut se révéler suicidaire pour une entreprise évoluant dans une société de plus en plus judiciarisée et confrontée au pouvoir des médias[1].

Ces enjeux sont forts et doivent être pris en compte par la direction générale. La nécessaire mobilisation et l'exemplarité de la part des équipes de direction dans une démarche diversité imposent que celle-ci soit positionnée à un rang stratégique.

La diversité au cœur de la stratégie : exemple pour un grand groupe et une PME

Au cours de ces deux dernières années, de nombreux grands groupes, signataires notamment de la Charte de la diversité dans l'entreprise[2] ont défini des politiques diversité ambitieuses et les ont intégrées dans leur stratégie générale. Ce sont des entreprises telles que PSA, AXA ou la SNCF.

La SNCF.
La diversité au cœur de sa stratégie[3]

La SNCF réalise un chiffre d'affaires de 15 milliards d'euros et comprend 170 000 salariés. Elle affirme sa responsabilité d'entreprise et considère la gestion de la diversité comme le cœur de sa stratégie. En

---

1. Voir chapitres 5 et 6.
2. Voir chapitre 4.
3. Intervention Psycholloque, juin 2005.

▶▶▶

octobre 2005, elle signe la Charte de la diversité, met en cohérence ses actions autour d'une politique globale d'entreprise et décide de prendre davantage en considération des problématiques d'emploi des jeunes issus de l'immigration. L'enjeu est de taille : l'entreprise reçoit 170 000 CV et recrute 4 000 collaborateurs par an ; 300 acteurs, et notamment 30 psychologues, interviennent dans l'évaluation des candidats.

Elle s'engage à :
- Sensibiliser dirigeants et collaborateurs ;
- Garantir et promouvoir le principe de non-discrimination ;
- Chercher à refléter la diversité dans l'effectif de l'entreprise ;
- Communiquer et informer des résultats ;
- Faire de la diversité un objet de dialogue avec les organisations syndicales ;
- Présenter les résultats dans un rapport annuel.

Pour atteindre ses objectifs, l'entreprise s'est dotée de moyens :
- Nomination d'un membre du comité exécutif chargé de suivre le dossier ;
- Mise en place d'un conseil de la diversité chargé d'évaluer les processus internes ;
- Mise en place d'un outil de communication à destination des régions ;
- Analyse des processus opérationnels de recrutement et création d'un groupe de travail interne, chargé d'identifier les axes d'amélioration ;
- Formation des acteurs du recrutement.

Les PME s'étaient jusqu'alors peu impliquées dans de tels projets, et leur démarche de formalisation est encore limitée car elles ne disposent pas toujours des services internes, notamment au niveau ressources humaines, ni des conseils externes. Aujourd'hui, 60 % des signataires de la Charte de la diversité dans l'entreprise sont des PME ! Pourtant, rares sont celles qui ont entrepris réellement des actions concrètes. Citons néanmoins l'exemple de l'entreprise Norsys, très avancée en matière d'innovation sociale et qui, à la fin de l'année 2005, a décidé d'intégrer la gestion de la diversité dans sa stratégie.

NORSYS
Mettre en accord ses valeurs et l'intérêt économique[1]

Contexte de l'entreprise

Norsys est une société de service informatique qui emploie 150 salariés sur quatre sites. Créée en 1995, elle fonctionne sur la base d'une stratégie à 3 ans, construite à partir d'un processus de veille interne et externe et d'une méthodologie participative impliquant 20 % des salariés.

En 1998, elle fait le choix de se positionner sur les projets orientés vers les technologies émergentes, plutôt que de rechercher une croissance « facile » liée à l'an 2000 et au passage à l'euro.

En 2001, Norsys consolide sa démarche – se positionner sur les prestations à forte valeur ajoutée – en lançant une activité de conseil et en créant son université d'entreprise, centre de ressources et d'innovation.

Stratégie de performance globale

Son président-directeur général, Sylvain Breuzard, est animé par la conviction que l'entreprise doit poursuivre une performance globale, et pas seulement économique ; c'est-à-dire prendre en compte toutes les parties prenantes. Les décisions prises sont animées par le souci de faire gagner les actionnaires sans désavantager les salariés et la société civile.

▶▶▶

1. Interview de Sylvain Breuzard, président directeur général de Norsys, par Alain Gavand, le 19 avril 2006.

▶▶▶

En 2004, une nouvelle stratégie à 3 ans est élaborée ; l'objectif est de rendre globalement plus performante l'entreprise en ciblant quatre domaines prioritaires : économique, client, management et ressources humaines.

Stratégie ressources humaines

La stratégie ressources humaines s'appuie sur des principes qui assurent une cohérence à long terme entre les projets : développer une gestion des ressources humaines et une hiérarchie de compétences, et non de statuts, permettre à chaque salarié de trouver son équilibre entre la vie professionnelle et la vie personnelle, structurer des démarches d'accompagnement et d'épanouissement des salariés.

Pourquoi la diversité ?

La logique de Norsys n'est pas seulement celui de l'angle RH, et la stratégie diversité se justifie par la recherche d'une plus grande performance de l'entreprise :

* Amélioration des recrutements ;
* Plus grande fidélisation des salariés ;
* Innovation et créativité, et donc amélioration de l'offre auprès des clients ;
* Valorisation de l'image externe de l'entreprise…

Les RH sont traitées à la fois comme un moyen et comme un but en soi ; dans le secteur informatique, en effet, la pénurie de compétences est grande. Elles seules pourtant permettent le développement de l'entreprise. Norsys a donc tout intérêt à ouvrir son recrutement aux profils les plus atypiques, à condition qu'ils soient compétents.

Recruter les compétences écartées du marché, cela sert en même temps à l'entreprise et à la société civile. Les buts ne s'opposent pas, ils sont complémentaires.

Ainsi, l'entreprise Norsys a su mettre en accord ses valeurs avec son intérêt économique.

Pour accompagner les entreprises, deux associations proposent une réflexion stratégique, lMS-Entreprendre pour la Cité, à destination des grands groupes, et le Centre des jeunes dirigeants d'entreprise, à destination des PME.

La perspective stratégique de la diversité de IMS et du CJD

La démarche de IMS-Entreprendre pour la Cité

Cet organisme, créé en 1986 par Claude Bébéar, fédère 130 entreprises engagées dans les démarches de responsabilité sociale, et les accompagne notamment dans leurs politiques de gestion de la diversité.

IMS propose le « Diagnostic Diversité », qui est un outil de sensibilisation et de pilotage pour aider les entreprises à optimiser leur gestion de la diversité dans une optique de progrès. C'est une démarche d'investigation qualitative qui repose sur des entretiens collectifs ou des questionnaires auto-administrés, selon le contexte de l'entreprise. Elle est complétée par une analyse d'éléments objectifs, tels que les supports de communication de l'entreprise et ses données sociales (bilan social). L'objectif du « Diagnostic Diversité » est de détecter la discrimination (directe, indirecte et systémique) dans l'entreprise, en particulier dans les process ressources humaines et le management. Il permet de faire le point sur les bonnes pratiques et de définir des axes de progrès.

Processus idéal d'optimisation de la gestion de la diversité selon IMS-Entreprendre pour la Cité[1]

1re étape : identification d'enjeux (économiques, sociétaux, internes...) et d'éléments de référence propres à l'entreprise (vision) ; par exemple, les enjeux correspondent à la volonté de refléter la clientèle, la volonté d'innovation, ou l'attraction de la main-d'œuvre.

2e étape : élaboration d'une politique en intégrant la diversité dans la stratégie globale de l'entreprise.

3e étape : engagement et prise de position des dirigeants en faveur de cette politique (leadership).

4e étape : définition et mise en place d'un plan d'action.

5e étape : définition et mise en œuvre d'un plan de communication spécifique, interne et externe.

6e étape : suivi et évaluation de la démarche.

La logique de performance globale du Centre des dirigeants d'entreprise (CJD)

Ce mouvement de 2 600 dirigeants d'entreprise est le premier mouvement patronal à s'être impliqué sur le thème de la diversité, et a entrepris une expérimentation pour sensibiliser ses membres dès 2004[2]. La clé de voûte de la démarche est constituée par la réflexion stratégique qui requiert, au préalable, une étape de diagnostic (élaboré en partenariat avec IMS-Entreprendre pour la Cité).

---

1. Voir « www.ims-entreprendre.com ».
2. Voir chapitre 5.

Cette démarche est proposée exclusivement à ses adhérents. Elle s'inscrit dans le cadre d'une commission de travail constituée d'une dizaine de dirigeants, durant une année complète. L'objectif est de permettre d'intégrer le management de la diversité dans une logique de *performance globale* de l'entreprise, c'est-à-dire répondre à la question : « *En quoi manager la diversité permettra de renforcer l'efficacité dans certains domaines de l'entreprise ?* » La performance globale se rapporte à une vision de l'entreprise dont l'objectif est de satisfaire les intérêts à la fois de l'actionnaire et de toutes les parties prenantes : salarié, client, fournisseur, environnement naturel et sociétal.

Pour le CJD, les enjeux de la diversité sont de plusieurs ordres et varient, selon les parties prenantes :

- Renforcer l'efficacité du processus de recrutement (enjeu ressources humaines) ;
- Améliorer la qualité du travail, la performance d'une équipe et l'image de l'entreprise (enjeu ressources humaines) ;
- Stimuler la créativité et l'innovation (enjeu stratégique, client, organisationnel, social…) ;
- Prendre en compte de nouvelles exigences dans un appel d'offres (enjeu client) ;
- Rendre plus efficace la politique d'achat (enjeu fournisseur) ;
- Être en phase avec les attentes et les besoins de la société civile (enjeu sociétal).

Le diagnostic est réalisé par le dirigeant et constitue une première étape, en particulier lorsque l'entreprise n'est pas accoutumée à prendre en compte les parties prenantes et à favoriser le dialogue avec elles.

L'entreprise peut réaliser ce travail avec l'équipe de direction ou en comité de pilotage. L'intérêt de cette démarche collégiale est d'enrichir le questionnement par la pluralité des points de vue, de créer une dynamique et de limiter les risques d'abandon en cours de route. Le travail de groupe permet de structurer la démarche et de répartir les rôles pour la réalisation du diagnostic. La culture de l'entreprise et les structures de concertation existantes facilitent la démarche.

Enfin, une méthode plus globale consiste à associer les parties prenantes à la réflexion et au diagnostic sur le sujet. Le dialogue est particulièrement judicieux dans ce type de projet. Il constitue un principe fondateur de la performance globale et un principe de gouvernance.

Ainsi l'entreprise peut associer dans sa démarche de diagnostic :

- Un fournisseur, tel qu'un cabinet de recrutement, dans le diagnostic « RH » ;
- Des collaborateurs commerciaux dans le diagnostic « client » ;
- Des managers dans l'ensemble des diagnostics.

À l'issue du diagnostic, l'entreprise définit des actions d'améliorations prioritaires au regard de ses enjeux et élabore des plans d'action.

Le guide de diagnostic Diversité du CJD[1] (extraits)

Il se compose de deux parties :

Les principes fondateurs

Ils incluent des questions relatives aux valeurs et à la vision du dirigeant. Parmi les questions abordées relatives aux valeurs, on trouve par exemple :

- *« Avez-vous défini les valeurs de l'entreprise ? »*
- *« Pensez-vous que ces valeurs aient un lien avec la diversité ? »*

▶▶▶

---

1. « www.cjd.net ».

Les questions relatives à la vision du dirigeant sont par exemple :

* *« Selon vous, de quelle manière "manager la diversité" peut avoir un impact sur :*
    - *la gestion des ressources humaines,*
    - *les offres commerciales auprès de vos clients,*
    - *la politique d'achats vis-à-vis des fournisseurs,*
    - *les relations avec la société civile,*
    - *l'image et la réputation de l'entreprise ? »*
* *« Au niveau de la gestion des ressources humaines, les thèmes suivants sont-ils prioritaires pour votre entreprise ?*
    - *féminisation/masculinisation des équipes,*
    - *intégration des personnes handicapées,*
    - *diversification des profils recrutés,*
    - *équilibre vie privée/vie professionnelle,*
    - *gestion des âges,*
    - *intégration de français d'origine étrangère,*
    - *égalité professionnelle ? »*

Les relations avec les parties prenantes

Elles recouvrent :

* Les ressources humaines (recrutement, accueil/intégration, évolution professionnelle, sanction et départ, management). Par exemple, *« La politique de rémunération et d'augmentation de votre entreprise repose-t-elle sur des critères objectifs afin d'assurer une égalité de traitement ? »* Ou : *« L'entreprise sanctionne-t-elle des pratiques discriminatoires ? »*
* Le client. Par exemple : *« Est-ce que la diversité peut dynamiser la capacité d'innovation de l'entreprise ? »* Ou : *« Est-ce que la diversité dans la force de vente peut représenter un intérêt sur le plan commercial ? »*
* Le fournisseur. Par exemple : *« Dans le cadre d'une procédure d'achat, vérifiez-vous que des critères discriminatoires ont influé sur la sélection des fournisseurs ? »*

> ▶▶▶
>
> • La société civile. Par exemple : « *L'entreprise intègre-t-elle la volonté de contribuer à la prise en compte de la diversité dans la société civile, par exemple l'intégration des personnes handicapées, les Français d'origine étrangère, l'accès des jeunes et des seniors à l'emploi ?* »

La profondeur de l'engagement de la part de la direction, la nécessité d'identifier les enjeux de l'entreprise, la difficulté de la mise en œuvre de telles politiques justifient pleinement un accompagnement des équipes de direction et des managers, dans une logique de conduite du changement. L'erreur serait de considérer le projet de façon pointilliste et non structurée, en introduisant de façon superficielle quelques outils, alors que la gestion de la diversité est bien une problématique globale. À ce jour, peu d'organismes ou de cabinets de conseil proposent des solutions d'accompagnement aux entreprises[1]. Une offre de conseil devra se structurer et se professionnaliser. De même, des réflexions devront être menées en ce qui concerne le financement des actions, notamment pour les PME, si l'on veut amplifier leur implication.

▷ 7. Et vous ?

Comment répondriez-vous aux différentes questions posées dans le guide de diagnostic diversité du CJD ?

....

....

....

---

1. Voir p. 299.

> *Dans votre entreprise, en quoi la diversité pourrait-elle constituer une opportunité ?*

L'exemplarité de la direction est indispensable

Valeurs de l'entreprise, de la direction et du salarié

Les valeurs d'une entreprise sont, en partie, l'émanation de celles du dirigeant qui la façonne et elles relèvent de son engagement. Les actions des dirigeants servent de modèle, mais cette influence est conditionnée par la taille de l'organisation. En effet, dans des sociétés importantes ou très anciennes, les valeurs collectives et l'histoire sont plus prégnantes que la marque personnelle du dirigeant.

Au cours des dernières décennies, les valeurs ont fait l'objet d'une formalisation, sous forme de chartes ou de codes éthiques, dans les entreprises. Les décisions de l'entreprise, en effet, n'obéissent pas uniquement à des finalités économiques et peuvent être déterminées par des valeurs. Ces choix éthiques ne se posent que lorsqu'il y a un degré de « liberté » d'action. Et la question de la diversité entre bien dans ce cadre. Certes, la lutte contre les discriminations doit être encadrée par une loi exigeante. Mais les progrès seront aussi le résultat de décisions responsables de l'entreprise et des choix éthiques individuels. La formalisation éthique, c'est-à-dire le fait *« de poser explicitement par écrit les idéaux, valeurs, principes et prescriptions de l'entreprise »*[1], aborde généra-

---

1. Samuel Mercier, *L'éthique dans l'entreprise*, La Découverte, 1999.

lement les valeurs centrales, telles que les notions d'intégrité, d'honnêteté, d'équité, de professionnalisme, de respect, d'exemplarité, de loyauté, de solidarité et de responsabilité.

Les engagements éthiques donnent du sens à l'action. Les chartes énoncent généralement des principes généraux et elles sont complémentaires des procédures plus fines mises en place.

De surcroît, la communication sur les valeurs et l'approbation, ainsi que la sanction de comportements éthiques éclairent sur les comportements attendus des salariés. Cela contribue à donner davantage de repères.

À l'avenir, les chartes éthiques devront davantage affirmer le principe de non-discrimination et de diversité. Et c'est là un axe d'amélioration[1].

Éthique & Valeurs.
Charte d'éthique de Suez

La charte d'éthique est l'expression des valeurs du groupe et énonce des principes et des modes de fonctionnement dans lesquels *« chacun peut se reconnaître et s'épanouir quels que soient sa culture ou son pays »*.

Six valeurs sont définies :
- Professionnalisme ;
- Partenariat ;
- Esprit d'équipe ;
- Création de valeur ;
- Respect de l'environnement ;
- Éthique.

La charte exprime l'engagement de Suez vis-à-vis de toutes ses parties prenantes. Pour ce qui concerne les relations de Suez avec ses collaborateurs, il est précisé que le développement du groupe repose sur

---

1. Voir également p. 151.

▶▶▶

la qualité de ses collaborateurs et que Suez s'attache à maintenir en son sein des relations harmonieuses, en *« considérant avant tout la compétence, dans le respect de la diversité et de la vie privée des collaborateurs ».*

Parmi les principes de mise en œuvre, il est prévu que :

* Les dirigeants veillent à ce que chacun soit informé de ses obligations. Un comité pour l'éthique, l'environnement et le développement durable est constitué au sein du conseil d'administration ;

* Des déontologues sont chargés de veiller au respect des valeurs du groupe et adressent un rapport annuel à leur direction générale. Chacun doit pouvoir contacter le déontologue pour solliciter un avis, un conseil, ou pour attirer son attention sur une difficulté ou une violation de la charte ;

* Les présidents des principales sociétés adressent au président-directeur général annuellement à sa demande une lettre de conformité à la charte.

Des instances de direction qui appliquent le principe de diversité

Lutter contre les discriminations impose à l'entreprise de déployer des plans d'actions réels, tant au niveau de son management, de sa communication interne et externe que de ses politiques ressources humaines. La diversité devra s'exprimer dans la composition des plus hautes sphères de la direction, et donc du comité de direction.

Une structure diversité ad hoc

Si l'entreprise veut s'assurer que sa politique diversité est bien mise en œuvre, et surtout qu'elle est bien pilotée, il sera également nécessaire de nommer une structure dédiée et spécifiquement en charge de son suivi.

Plusieurs grands groupes, tels que Danone, Michelin, Suez, Total, Vinci, Axa et PPR, en ont pris l'initiative[1]. Dès 2001, la société Eau de Paris avait mis en place une commission éthique permanente destinée à améliorer la représentation des femmes aux postes de responsabilité, jugée insuffisante au vu de certains indicateurs. Cette commission a ensuite entrepris de sensibiliser l'ensemble des salariés aux questions de harcèlement et de prévention de toute forme de discrimination. La commission se réunit tous les deux mois.

Le groupe Casino, signataire d'un accord sur l'égalité des chances, la diversité et la lutte contre les discriminations, a également créé un comité « diversité » pour garantir le suivi des engagements et le respect des bonnes pratiques. Le comité, qui se réunira tous les ans, est composé de sept représentants des organisations syndicales et de sept représentants de la direction.

Conseil de la diversité crée en 2004 chez Total[2]

Il est composé de 12 membres, dont la directrice de l'innovation sociale et de la diversité, un membre du comité exécutif, des représentants des ressources humaines ou de dirigeants opérationnels. Sa composition incarne la politique de diversité entreprise par le groupe.

Ses premiers travaux se sont focalisés sur les freins à la progression des femmes et des Non-Français dans le groupe.

Ainsi, les membres du conseil souhaitent que l'interprétation du critère de mobilité, essentiel dans la sélection et la gestion des cadres à haut potentiel, ne s'applique pas avec plus de sévérité aux femmes et aux internationaux.

▶▶▶

---

1. « À la recherche de la diversité dans les rapports du CAC 40, diversité et non-discrimination dans le reporting développement durable des entreprises du CAC 40 », Novethic Études, décembre 2005.
2. Rapport sociétal et environnemental 2004.

▶▶▶

Des indicateurs de suivi de la politique de la diversité sont progressivement adoptés par le groupe et par les branches. Ils visent prioritairement à mesurer la présence des femmes et des internationaux aux divers stades du développement de carrière, pour mieux détecter et corriger les mécanismes de déperdition de ces catégories dans la hiérarchie. Ils peuvent également s'intéresser à des données plus qualitatives, comme la présence des femmes ou des internationaux dans les formations du groupe, ou encore la parité en termes de rémunération.

Ce travail a inspiré dix « recommandations » que le conseil a proposées au comité exécutif et dont le principe a été accepté en janvier 2005. Ces recommandations, orientées vers une plus grande diversification du management, s'appuient sur des mesures concrètes en termes de recrutement, de mobilité, de sélection des cadres à haut potentiel. Certaines de ces mesures figurent déjà dans les programmes d'internationalisation et de mixité élaborés par les branches pétrole du groupe, programmes désormais inscrits dans un cadre commun.

Une direction qui assume ses positions

Les efforts demandés aux collaborateurs sont si importants, le changement est si profond, que le dirigeant ne peut pas aborder cette question de façon superficielle, sans « mouiller sa chemise ». Qui peut mieux que lui démontrer l'avantage de profils différents, « prendre sur soi » le risque de perdre des clients et affirmer *« j'assume avec vous, je vous couvre et vous soutiens »* ?

En 2003, le cabinet de recrutement Michael Page International s'est engagé activement dans la lutte contre la discrimination et les prises de position ont été formalisées dans une charte. Le cabinet a mis en place plusieurs outils techniques et organisationnels en vue de permettre le recrutement des minorités visibles. Et surtout, la direction du cabinet assume cet engagement aux côtés de ses consultants, en leur assurant une formation et des compensations financières en cas de problème avec un client, ou de non-obtention d'un contrat.

S'engager, prendre ses responsabilités, assumer ses positions en matière de lutte contre les discriminations est l'affaire de tous les acteurs de l'entreprise : direction générale, partenaires sociaux, directions des ressources humaines, recruteurs et managers. Mais rien ne s'engagera si la direction ne donne pas sens à cette nouvelle orientation.

8. Et vous ?

Ressentez-vous parfois des conflits entre votre éthique et le fonctionnement de l'entreprise ?

....

....

....

Dans votre entreprise, est ce que la diversité s'exprime au niveau des équipes de direction ?

....

....

....

Chapitre 8

Deuxième axe : impliquer et former les salariés de l'entreprise

La décision stratégique intégrant la gestion de la diversité est, certes, impulsée par la direction, après que celle-ci ait dressé un état des lieux. Mais idéalement, le diagnostic doit avoir été préalablement partagé avec les représentants des salariés. Ceux-ci auront été associés au projet le plus en amont possible.

La concertation et le dialogue social sont ici essentiels. En fonction de la taille de l'entreprise, les acteurs sociaux, et notamment les syndicats, pourront être impliqués en vue d'élaborer et de négocier un accord d'entreprise relatif à la diversité.

Il faudra ensuite décliner la politique à travers toutes les strates de l'entreprise, former les recruteurs et concevoir avec eux de nouveaux processus de recrutement. Il sera également utile de former les managers.

Impliquer les acteurs sociaux de l'entreprise, une nécessité

La diversité ne concerne pas exclusivement la direction, mais également tous les salariés de l'entreprise. Il est donc logique que ces parties prenantes internes s'expriment, et surtout s'engagent à propos des orientations à prendre.

La politique de non-discrimination entraîne des changements importants dans les mentalités et remet en cause les méthodes, ainsi que les relations de travail. C'est la raison pour laquelle l'implication des salariés et de leurs représentants sera utile pour analyser les enjeux et appréhender les freins d'une telle démarche, afin de mobiliser les énergies vers la diversité au sein de l'entreprise.

Le rôle des représentants du personnel

Les contours et la teneur de leur rôle varient considérablement selon l'effectif des entreprises, puisque certaines sociétés de petite taille ne disposent pas de structure formelle de négociation (absence de syndicat ou de délégués du personnel).

Quelle est aujourd'hui la position des syndicats en ce qui concerne les politiques de diversité ? Leur légitimité à se saisir de ce sujet est évidente :

- De par leur vocation à veiller au respect des droits des salariés ;
- En raison de leur présence dans les instances prud'homales ;
- En raison de leur pouvoir de négociation collective (signature d'accords collectifs) :
- Parce que, depuis la loi du 31 décembre 1992 qui a instauré la procédure du droit d'alerte, les délégués du personnel, informés d'une atteinte aux droits des personnes, doivent en saisir l'employeur ;
- Les organisations syndicales de salariés, représentatives au plan national ou dans l'entreprise, peuvent engager une action en discrimination en lieu et place du candidat à un emploi ;
- En ce qui concerne l'égalité professionnelle, chaque année la direction des entreprises de 50 salariés et plus soumet pour avis au comité d'entreprise, ou à défaut aux délégués du personnel, un rapport écrit permettant d'apprécier la situation comparée des hommes et des femmes de l'entreprise en matière d'emploi.

Si les organisations syndicales ont bien vocation à défendre les salariés, leur engagement sur le thème de la diversité est plus récent dans l'histoire du syndicalisme. En janvier 2005, les quatre confédérations CFDT, CFTC, CGT et UNSA ont adopté une « Charte pour l'égalité de traitement, la non-discrimination et la diversité ».

Charte pour l'égalité de traitement, la non-discrimination et la diversité signée par les confédérations CFDT, CFTC, CGT, UNSA

« Conscientes de la place centrale qu'occupe l'emploi dans les processus d'émancipation et de reconnaissance individuelle et de leur responsabilité face aux enjeux induits par les discriminations, affirmant leur attachement fort à l'égalité des droits et à l'égalité de traitement, nos organisations réaffirment :

- Leur condamnation du racisme, de la xénophobie et de l'antisémitisme ;

- Leur détermination à unir leurs efforts pour combattre toutes les formes de discrimination sans en créer de nouvelles par l'introduction de certaines formes de quota, et à favoriser la diversité dans le monde du travail et au sein de leurs propres structures ;

- Leur volonté à explorer toutes les innovations et tous les efforts pour que l'emploi redevienne une machine à inclure et non à exclure ;

- Leur appel à la mobilisation de leurs militants pour faire respecter l'égalité de traitement dans l'entreprise, négocier des accords qui vont dans ce sens. »

En février 2006, une négociation s'est ouverte entre les partenaires sociaux et les organisations patronales sur la diversité dans l'entreprise, avec le souci de définir des objectifs à atteindre, une méthode de travail et un calendrier.

Vers un nombre croissant d'accords d'entreprise en lien avec la diversité

La maturité des entreprises sur le thème de la diversité, tant du côté de la direction que des syndicats, date seulement de ces dernières années. Il n'est pas étonnant qu'en février 2006, seuls cinq accords prenant en compte la diversité dans sa globalité aient été signés[1] :

- PSA Peugeot Citroën ;
- Eau de Paris ;
- AXA ;
- Casino ;
- Total.

Pourtant, le mouvement est lancé, et ces accords devraient être de plus en plus nombreux au cours des prochaines années. La motivation des signataires est bien sûr d'aller au-delà des obligations légales et de mener une politique volontariste en faveur de la diversité.

Notons que de nombreux accords ont été signés sur des thématiques spécifiques, telles l'insertion des travailleurs handicapés ou l'égalité professionnelle hommes/femmes :

- Soixante-cinq accords en faveur de l'insertion et du maintien dans l'emploi des travailleurs handicapés ont été recensés en mai 2005 par l'AGEFIPH[2], fonds pour l'insertion professionnelle des personnes handicapées ;

---

1. « Analyse du contenu des accords d'entreprises en lien avec la diversité en France », IMS-Entreprendre pour la Cité, février 2006.
2. AGEFIPH, « Construire un accord pour les personnes handicapées : recueil d'expériences, guide pratique », juin 2005.

- Dans le cadre d'un accord sur la responsabilité sociale, EDF[1] s'engage à lutter contre toute forme de discrimination, affirme sa volonté de respecter la diversité et de promouvoir l'égalité des chances, avec trois domaines de vigilance particulière : celui de l'égalité professionnelle hommes/femmes, l'insertion des travailleurs handicapés et l'origine ethnique, nationale, culturelle, religieuse, familiale, régionale…

- De même, Rhodia[2], dans son accord RSE, refuse toute forme de discrimination et affirme sa volonté de respecter, ainsi que de promouvoir l'égalité des chances ;

- Air France a conclu un « accord pour progresser ensemble »[3] relatif à la vie au travail de ses collaborateurs, dans un objectif de cohésion et de stabilité sociale. Cet accord inclut un engagement à promouvoir l'égalité professionnelle des femmes et des hommes, ainsi qu'à prévenir la discrimination.

Sans passer par un accord, les entreprises peuvent contractualiser avec les partenaires sociaux des engagements en matière de diversité sous formes de chartes ou de déclarations communes. C'est le cas par exemple de ces entreprises :

- Accor signe avec les organisations syndicales « une déclaration commune contre toutes les discriminations »[4] ;

- Essilor signe avec les organisations syndicales « une charte pour la prévention de toute forme de discrimination illicite dans l'entreprise »[5] ;

---

1. Accord sur la responsabilité sociale du groupe EDF, janvier 2005.
2. Accord mondial de responsabilité sociale entre Rhodia et l'ICEM, février 2005.
3. En juillet 2002.
4. En 1995.
5. En avril 2002.

- Renault signe une déclaration relative aux droits sociaux fondamentaux qui inclut un engagement en matière de non-discrimination[1] ;
- La SLTC (Société Lyonnaise de Transport en Commun) a signé avec l'ensemble des organisations syndicales une charte pour la lutte contre les discriminations[2].

L'accord PSA Peugeot-Citroën
sur la diversité et la cohésion sociale

Le contexte

PSA Peugeot Citroën a recruté 18 500 personnes dans le monde en 2004, dont près de 9 400 hors de France. Sur cinq ans, plus de 83 500 recrutements ont été effectués, dont 45 000 en France. Les effectifs de PSA Peugeot Citroën (au 1er janvier 2005) s'élèvent ainsi à 207 200 personnes dans le monde (128 000 en France et 79 200 à l'étranger).

PSA Peugeot Citroën et les organisations syndicales ont signé, en septembre 2004, un accord sur la diversité et la cohésion sociale dans l'entreprise.

L'objectif de cet accord est de s'entourer des meilleures compétences en ouvrant le recrutement et de permettre de refléter au mieux la société et son environnement, donc de mieux comprendre et satisfaire les clients.

Comment ?

Pour réaliser ses objectifs, l'accord prévoit :

- La mise en place d'outils et procédures permettant de garantir l'égalité des chances et de traitement : le groupe rappelle que l'évolution professionnelle des salariés repose exclusivement sur

▶▶▶

---

1. En octobre 2004.
2. En février 2005.

▶▶▶

des critères objectifs, à savoir les compétences exercées, la performance et le comportement professionnel ;

- Le développement d'une politique de recrutement intégrant des profils variés par l'expérience professionnelle ou internationale, par la formation initiale, par les cultures, les origines et les âges ;

- Une campagne de communication interne sur les thèmes du respect des différences et de la lutte contre toute forme de discrimination ;

- La création d'un observatoire de la diversité et de l'égalité, qui permettra d'analyser les résultats de l'ensemble des suivis statistiques, des tests de processus de recrutement et des enquêtes menées en interne ; l'entreprise s'engageant à présenter annuellement ses résultats.

Le cadre juridique de la négociation d'accords relatifs à la diversité

Qui négocie ?

Le code du travail prévoit que seuls sont habilités à négocier et conclure des conventions ou accords collectifs avec l'employeur, les organisations syndicales de salariés reconnues représentatives au plan national[1]. Chaque syndicat de salariés doit être représenté à la négociation par son délégué syndical. Les syndicats représentatifs dans une entreprise ou un établissement de 50 salariés ou plus peuvent désigner un délégué syndical. C'est à lui qu'appartient le rôle de négocier les accords collectifs.

---

1. Art. L. 132-2 du code du travail.

Dans les entreprises de moins de 50 salariés, un syndicat représentatif peut désigner un délégué du personnel (dont l'élection est obligatoire dans les établissements occupant au moins 11 salariés) comme délégué syndical, pour la durée de son mandat.

La loi a aménagé des exceptions en l'absence de délégués syndicaux[1]. Lorsque cela est prévu par une convention de branche ou un accord professionnel étendu, sous condition qu'un procès-verbal de carence ait établi l'absence de représentants élus du personnel, un ou des salariés expressément mandatés pour une négociation déterminée, par une ou des organisations syndicales représentatives sur le plan national, peuvent conclure un accord d'entreprise ou d'établissement. Cet accord doit être approuvé par les salariés à la majorité des suffrages exprimés et doit être déposé auprès de l'autorité administrative.

Ces accords peuvent concerner l'égalité professionnelle, l'insertion des handicapés ou, plus globalement, la diversité[2]

En ce qui concerne l'égalité professionnelle entre les hommes et les femmes, chaque année l'employeur doit engager une négociation sur les objectifs dans l'entreprise et sur les mesures permettant de les atteindre. Cette négociation a lieu tous les 3 ans lorsqu'un accord collectif, comportant de tels objectifs et mesures, a été signé dans l'entreprise.

Dans le domaine de l'insertion professionnelle et le maintien dans l'emploi des travailleurs handicapés (conditions d'accès à l'emploi, formation et promotion professionnelles, conditions de travail…), l'entre-

---

1. Une telle faculté doit être prévue par une convention de branche ou un accord professionnel étendu qui en aura précisé le thème et les conditions de majorité ainsi que les conditions d'exercice du mandat des salariés mandatés.
2. Voir également le chapitre 6.

prise a l'obligation de négocier[1]. La négociation doit se dérouler sur la base d'un rapport établi par l'employeur, présentant la situation par rapport à l'obligation d'emploi des travailleurs handicapés.

9. Et vous ?

Dans votre entreprise, les partenaires sociaux sont-ils impliqués dans la lutte contre les discriminations et la promotion de la diversité ?

Former les services ressources humaines et les managers

Les services ressources humaines sont les principaux acteurs qui définiront la politique de non-discrimination, en concertation avec la direction et les partenaires sociaux. Ils devront affiner l'état des lieux et déployer cette politique.

Sur le terrain, ce sont les managers qui seront le plus confrontés à la réalité d'une telle politique car elle bouleverse leurs habitudes en matière de recrutement, de gestion de carrière et d'appréciation de la performance.

---

1. Cette obligation découle de la loi n° 2005-102 du 11 février 2005.

Si l'entreprise a longtemps entériné des stéréotypes, par exemple relatifs aux femmes ou aux personnes issues de l'immigration, soit en les écartant de toute procédure de recrutement, soit en les cantonnant à des postes spécifiques, il ne faut pas s'étonner que les managers eux-mêmes continuent d'appliquer ces mêmes schémas. Il est alors de la responsabilité de la direction d'accompagner les encadrants pour que ceux-ci repèrent et préviennent les situations de discrimination, fassent évoluer leurs mentalités et celles de leurs équipes.

Il est donc important que les services ressources humaines et les managers saisissent tous les enjeux d'une telle démarche et qu'ils bénéficient de l'expertise de spécialistes de la question.

À titre d'exemple, depuis plusieurs années IMS - Entreprendre pour la Cité propose aux services RH une formation à la gestion de la diversité pour mieux reconnaître les situations de discrimination et agir en faveur de la diversité (voir encadré).

**Programme de formation d'IMS
– Entreprendre pour la Cité[1]
Intégrer la gestion de la diversité
dans la pratique quotidienne du management
et des ressources humaines**

- Définir les principaux concepts : égalité de traitement, égalité des chances, discrimination, gestion de la diversité…
- Déterminer les enjeux et la valeur ajoutée d'une démarche en faveur de la diversité.

▶▶▶

---

1. « www.imsentreprendre.com ».

▶▶▶

- Informer sur la politique et les priorités de l'entreprise en matière de prévention des discriminations et de promotion de la diversité.
- Identifier les situations à risques.
- Se mettre en situation concrète, en associant gestion de la diversité et des ressources humaines.
- Adapter les outils de gestion des ressources humaines en tenant compte de la diversité.

Sur le plan pédagogique, sont notamment proposés des interventions d'experts, des débats autour d'extraits de films, des exercices pratiques en sous-groupes, des jeux de rôle et mises en situation.

De même, l'AFIP, dont la vocation est de promouvoir l'intégration professionnelle des jeunes diplômés issus de l'immigration, propose des programmes de formation et de sensibilisation à la non-discrimination et à la gestion de la diversité en entreprise. Ils s'adressent à un public de dirigeants et de collaborateurs impliqués dans le recrutement, la formation et la gestion des carrières, ainsi que de représentants du personnel.

AFIP[1] : trois modules de formation pratique

Le principe de la formation est d'être très pratique et basée sur des échanges interactifs, des jeux de rôle inversés, des témoignages réels pour sensibiliser les différents acteurs et provoquer une prise de conscience collective.

Trois modules sont proposés :

- La discrimination : prendre conscience de son existence et de ses contours ;
- Les stéréotypes et les représentations ;
- Le cadre juridique et réglementaire de lutte contre les discriminations.

---

1. « www.afip-asso.org ».

L'association Éthique et Recrutement[1], dont les deux membres fondateurs sont L'Oréal et TMP NEO, promeut un recrutement socialement responsable. Créée au début d'année 2006, cette nouvelle association élabore un code de déontologie dans le domaine du recrutement. Les axes prioritaires porteront notamment sur la garantie de non-discrimination, la transparence des processus de recrutement et les droits de recours de la part du candidat. L'association accompagne les expérimentations d'entreprises, dans l'objectif de les accélérer, d'assurer leur pérennité, d'en effectuer un bilan et de diffuser les bonnes pratiques.

Sensibiliser et former les recruteurs

Une fois la décision prise de mettre en place une politique diversité dans l'entreprise, il incombe à l'organisation d'accompagner les salariés en première ligne du processus de recrutement, c'est-à-dire auprès des recruteurs.

Formation et sensibilisation des recruteurs : quel contenu ?

La difficulté pour l'entreprise engagée dans une politique de lutte contre les discriminations tient au fait que les prescriptions, qu'elles soient d'ordre légal ou définies par de nouvelles procédures, ne suffisent pas à changer les attitudes profondément ancrées chez chacun d'entre nous. Et il n'est pas acceptable de renvoyer la responsabilité au seul recruteur. L'entreprise ou la direction d'un cabinet de recrutement, mais aussi tout intermédiaire du recrutement doivent accompagner les recruteurs en leur donnant de nouveaux repères.

---

1. « www.ethique-et-recrutement.org ».

Les thèmes abordés

Ils sont les suivants :

- Au préalable, le chargé de recrutement devra prendre connaissance des études disponibles en France qui établissent le fait discriminatoire et prendre conscience des enjeux de la diversité, notamment pour l'entreprise (économiques, RH, citoyens…) ;

- Une connaissance des obligations légales et des risques encourus est également indispensable ;

- Un état des lieux de ses propres pratiques est utile, afin de ne pas générer des réactions telles que : « *Je ne suis pas concerné… Cela se passe dans les autres entreprises… Je ne suis ni sexiste, ni raciste, donc je ne discrimine pas…* » Cet état des lieux peut être réalisé sous forme d'un audit du processus de recrutement au moyen d'interviews, de *testing* ou encore d'analyses du traitement des CV par la méthode d'observation des discriminations par le prénom[1]. Cette étape est essentielle car il serait dommageable pour l'entreprise de dresser *a priori* un diagnostic de discrimination globale, alors que des pratiques pourraient être exemplaires pour plusieurs membres de l'équipe. Enfin, il est possible que les approches soient différenciées selon les motifs de discrimination. Ainsi, une équipe de recruteurs pourra être particulièrement sensible aux problèmes de discrimination ethnique ou raciale et, en revanche, ne pas savoir résister à la pression des opérationnels quant à l'âge des candidats. Un des plans d'action pour cette équipe pourra consister à améliorer la collaboration avec les managers et à modifier les critères lors de la définition de poste, afin de ne pas écarter systématiquement les seniors ;

- Les recruteurs devront mieux comprendre comment les mécanismes de décision fonctionnent, et ce, à toutes les étapes du processus de recrutement (définition de poste, tri de CV, entretien, phase de

---

1. Voir chapitre 11.

décision), et en quoi les représentations et les stéréotypes agissent[1]. Les thématiques abordées empiètent forcément sur des registres très personnels et peuvent révéler des conflits éthiques de la part du recruteur. Il reviendra au formateur de le prendre en considération ;

• Il sera ensuite utile d'inventorier des bonnes pratiques, et surtout de confronter collectivement ses réponses à celles du groupe et celles des spécialistes des questions de discrimination. La méthode des études de cas, en se référant à des expériences passées et réelles des consultants, est recommandée.

Une remise en question difficile

Cette démarche n'est pas facile à vivre pour le professionnel du recrutement car elle remet en cause les schémas de jugement admis jusqu'alors, ainsi que les représentations conscientes et inconscientes de telle ou telle catégorie de personnes. Comment se représente-t-il les femmes au travail, une personne issue de l'immigration, un senior, etc. ? Quels sont les filtres ou les préjugés de chacun ? Déjouer ces stéréotypes nécessite une prise de recul.

De surcroît, le recruteur peut avoir le sentiment d'être mis en accusation, alors que c'est l'organisation qui en porte également la responsabilité.

Enfin, le chargé de recrutement pourra considérer qu'il est seul à devoir agir, alors que le phénomène le dépasse et concerne la société tout entière. Il convient de lui rappeler que c'est, à *son* niveau, et d'abord sur le segment du processus de recrutement qui le concerne, qu'il doit garantir l'égalité de traitement de tous les candidats.

La révision du processus de recrutement par la gestion de la diversité réinterroge la totalité de la fonction recrutement et oblige le recruteur à se professionnaliser en identifiant davantage les compétences et en contribuant plus encore à la performance de l'entreprise. Au-delà, si tous les

---

1. Voir chapitre 3.

acteurs du recrutement s'engagent dans cette voie, à l'échelle de tout un pays, ces nouveaux standards contribueront à créer une société meilleure !

Agir sur les stéréotypes

Un test pour mieux comprendre les stéréotypes

Le sociologue Jean-François Amadieu adapte actuellement un outil informatique élaboré par un laboratoire universitaire américain[1], en vue de former les responsables de recrutement français. Cet outil[2] est basé sur le constat que les biais dans la sélection de candidats proviennent en partie de préférences et stéréotypes inconscients. L'audit de ces attitudes et représentations permet d'établir un diagnostic de l'existant et de sensibiliser aux biais du recrutement. Il sera mené au moyen d'entretiens semi-directifs, de questionnaires et de tests d'association implicite. Ces derniers sont essentiels car ils sont à même d'identifier la réalité des associations inconscientes. Ils reposent sur des expériences psychosociologiques consistant en de microdécisions (évaluation de CV, test de mémorisation, outil du type Implicit Association Test, utilisé en psychologie sociale).

La formation proposée par l'Institut Démos et Éthique et Recrutement

La formation s'appuie sur l'état des connaissances en sciences humaines sur le stéréotype, leurs conditions d'apparition ou d'expression, leurs conséquences pour l'individu, leurs effets sur les relations entre groupes... De très nombreux résultats scientifiques peuvent contribuer à réfléchir à la pratique professionnelle de recrutement, participer à la définition des « bonnes » et « mauvaises » pratiques, et permettre de déceler des comportements discriminatoires.

---

1. Universités de Washington, Virginie, Harvard et Yale.
2. Observatoire des discriminations

Programme de travail dédié aux professionnels des ressources humaines , proposé par l'Institut Demos et Éthique et Recrutement[1]

Le programme de travail est construit sur mesure autour de deux conférences de sensibilisation.

Conférence A. Les mécanismes psychologiques du recrutement

« Si l'on considère que celui que l'on doit juger est membre d'un autre groupe, on le jugera plus négativement. » Ce résultat expérimental est le point de départ d'une analyse en profondeur des stéréotypes et des mécanismes qui les renforcent ou qui les atténuent.

En effet, de nombreuses recherches scientifiques montrent que la situation influe énormément sur le poids du stéréotype dans un processus d'évaluation. À titre d'exemples, on peut relever :

- La perception de l'individu dans son unicité réduit l'effet du stéréotype ;
- Lorsque l'on doit juger autrui et qu'on a l'illusion de disposer des informations utiles pour le faire, l'utilisation des stéréotypes augmente ;
- Lorsque l'on s'attend à entrer en contact avec celui que l'on juge, on sera enclin à l'évaluer plus positivement ;
- Lorsque l'on sait que l'évaluation que l'on doit faire va être contrôlée, le stéréotype jouera un poids moins important.

En laboratoire, les scientifiques ont pu élaborer des conditions opérationnelles qui permettent de jouer sur ces effets pour que les stéréotypes s'activent le moins possible. Confronter ces résultats expérimentaux à une pratique quotidienne de l'évaluation professionnelle doit permettre de construire une sélection non discriminatoire, respectueuse des réalités d'une équipe RH ou d'un cabinet de recrutement.

▶▶▶

1. www.demos.fr.

▶▶▶

Conférence B. Conséquences individuelles de la discrimination : le vécu des candidats

Les stéréotypes sont partagés par une part relativement importante de la société. Ceux qui en sont victimes y ont été confrontés à de multiples reprises dans leur cursus universitaire ou leur parcours professionnel. Ce n'est pas sans conséquence sur ceux qui, devenus candidats, sont amenés à participer à un processus de recrutement, et parmi ces conséquences on peut en retenir deux principales : la crainte du stéréotype lors de l'évaluation elle-même et les stratégies de défense mises en œuvre par les victimes.

L'individu qui craint d'être jugé sur la base de stéréotypes verra ses performances diminuer de peur de confirmer le stéréotype par son comportement. C'est ce que la psychologie sociale appelle la menace du stéréotype. En outre, d'après Michel Désert[1], *« la menace du stéréotype affecte principalement les personnes qui ont réussi à passer les autres barrières sociales et qui ont accédé à un niveau que peu de membres de leur groupe atteignent, les élites hautement compétentes et très motivées à réussir »*. Il est donc très important de bien connaître ce phénomène lorsqu'on est amené à évaluer quelqu'un, afin de rendre l'évaluation la plus juste possible.

Face au stéréotype, les individus mettent en œuvre des stratégies de protection de l'estime de soi. Ces stratégies sont variables : se comparer entre stigmatisés, attribuer la totalité de ses échecs à la discrimination, accorder moins de valeur aux domaines où on a été discriminé, et donc perdre sa motivation… Toutes ces stratégies sont salutaires pour la santé psychologique des individus, mais délétères pour leur réussite professionnelle. C'est ici à une réflexion collective qu'engagent ces travaux, la rencontre avec les professionnels du recrutement pouvant être riche pour adapter les pratiques aux stratégies des candidats dans un souci de partage de responsabilité.

---

1. Michel Désert, « La menace du stéréotype », *in Mauvaises réputations* de Jean-Claude Croizet et Jacques-Philippe Layens, Armand Colin, 2003.

La formation par l'association ÉGAL

Égal, dirigé par Samuel Thomas, par ailleurs vice-président de SOS Racisme, accompagne l'entreprise dans la mise en place de politique d'égalité des chances au travers d'audits et de programmes de sensibilisation et de formation des dirigeants, managers et salariés aux enjeux de la lutte contre les discriminations.

Exemple de programme de sensibilisation aux problématiques de discrimination, mis en place par le cabinet Michael Page

Celle-ci s'est déroulée au moyen d'un film pédagogique réalisé spécialement pour le cabinet Michael Page Internationat suite à l'audit réalisé par l'association Egal.

La formation s'est adressée à tous les opérationnels (environ 170 consultants) en fin d'année 2004 pendant 2 heures par petits groupes.

La formation reposait sur la diffusion du film qui présentait les quatre thématiques suivantes :

- Discrimination d'une jeune femme ;
- Discrimination d'un homme sur sa présentation ;
- Discrimination d'une femme senior ;
- Discrimination d'une personne d'origine étrangère.

Entre chaque scène, l'organisme de formation interne, accompagné par le cabinet Égal, engageait un débat avec les consultants pour savoir s'ils avaient été témoins de ce type de situation et, le cas échéant, comment ils avaient réagi, comment ils devaient réagir…

Cette formation fait aujourd'hui partie du processus de formation de tous les juniors.

▷ 10. Et vous ?

Dans votre entreprise, souhaiteriez-vous suivre une formation à la gestion de la diversité ? Qu'attendriez-vous d'une telle formation ?

....

....

....

Définir un cadre de travail pour les recruteurs

La mise en place d'une politique de non-discrimination induit de nouvelles méthodes de travail, et il importe de définir précisément les nouvelles règles.

Plusieurs solutions s'offrent à l'entreprise ou au cabinet de recrutement.

Mise en place de directives de travail

La première voie consiste à élaborer un guide comprenant l'ensemble des prescriptions du cabinet et des règles juridiques. C'est ce qu'a réalisé le cabinet Michael Page (voir en encadré les différents thèmes abordés).

En mars 2003, tous les salariés de la société (opérationnels et back-office) ayant un accès à la base de données (environ 350 personnes) ont assisté à une formation portant sur les nouvelles directives internes du cabinet, au cours de sessions d'une demi-journée (par groupe de 5 à 15 personnes). Afin de s'assurer que les collaborateurs avaient bien pris connaissance de leurs nouvelles obligations, chaque personne devait signer une feuille de présence et se voyait remettre le document en main propre.

Le but était tout autant d'informer les collaborateurs que de répondre à l'ensemble des questions posées en fonction des attributions de chacun (consultants, assistants, back-office).

Cette formation est toujours assurée pour les juniors, sur la base d'un support recentré sur la discrimination (les autres points étant abordés dans une autre formation), en insistant sur deux axes forts :

- La protection des données personnelles des candidats (selon les principes de la CNIL) ;
- La lutte contre la discrimination (bases légales, données exclues, comportement à adopter, sanctions disciplinaires et judiciaires).

Est également remise une plaquette présentant la politique de non-discrimination du cabinet et des argumentaires pour contrer d'éventuelles demandes discriminatoires émanant des clients.

En parallèle de ces formations, le directeur général, ainsi que le responsable juridique diffusent très régulièrement des notes internes portant, par exemple, sur le contenu des annonces ou des notes d'entretiens, afin d'assurer une formation continue et actualiser les informations, sur les partenariats en cours, sur les résultats des audits internes et externes et, plus généralement, sur le positionnement du cabinet sur ce thème.

Les consultants sont également sollicités sur la base de questionnaires et de réunions.

Procédure de travail définie par le cabinet de recrutement Michael Page remise à tous les collaborateurs (charte)

1. Directives relatives à la collecte des informations nominatives auprès des candidats

1.1. La notion de données personnelles

1.2. La collecte des données personnelles auprès des candidats au cours des entretiens

- Le support écrit : les notes manuscrites destinées à alimenter la base de données
- Nature des informations à collecter dans la fiche d'entretien
- Rappel sur les dispositions légales en matière de discrimination
- Exclusion des données dites « discriminantes »

1.3. La rédaction des annonces presse et web

2. Directives relatives à la saisie et à la consultation des informations nominatives sur la base de données

2.1. Règles communes : accès limité et sécurisé

2.2. Saisie des notes manuscrites d'entretien dans la base

- Saisie directe des notes manuscrites d'entretien par le consultant
- Modification des informations insérées dans la base

2.3. Contrôle du contenu des fiches manuscrites d'entretien par les directeurs de chaque division

2.4. Destruction des fiches manuscrites d'entretien

2.5. Contrôle *a posteriori* effectué par le service de l'audit interne

- Contrôle sur les commentaires insérés dans la base par relecture
- Contrôle sur les commentaires insérés dans la base à partir de mots clés
- Sanctions

3. **Directives relatives à l'information, au droit d'accès et de rectification des candidats sur les données personnelles**
   3.1. Directives relatives à l'information du candidat
      - L'information du candidat sur l'existence d'une base de données informatique et sur son droit d'accès, de rectification et de suppression des données personnelles le concernant
      - L'information du candidat en cas de prise de renseignement auprès de tiers
      - L'information du candidat en cas d'utilisation de méthodes et techniques d'aide au recrutement
      - L'information et l'accord du candidat avant la transmission d'informations nominatives à un tiers
   3.2. Directives relatives au droit d'accès, de rectification et de suppression des informations le concernant par le candidat
      - Le droit d'accès et de rectification du candidat aux informations le concernant
      - La suppression des données à la demande du candidat

4. **Directives relatives à la conservation et à la destruction des données personnelles des candidats**
   4.1. Dispositions légales
   4.2. Destruction des candidatures non enregistrées dans la base
   4.3. Conservation et destruction des candidatures enregistrées dans la base

5. **Contrôle de l'application de la charte**

Intégration des prescriptions dans le système qualité ISO 9001

La deuxième possibilité, pour structurer le cadre de travail des recruteurs, est d'intégrer l'ensemble des procédures dans le système de management de la qualité de l'entreprise, de type ISO 9001. L'avantage est de s'appuyer sur les procédures existantes et de définir précisément les points de contrôle qui pourront être effectués. C'est le choix qu'a effectué le cabinet de recrutement Alain Gavand Consultants. L'ensemble des règles ont été élaborées pas les collaborateurs de façon participative avec la direction. Cette dernière peut s'assurer de la conformité des pratiques par rapport aux engagements, sous forme d'audits internes et, régulièrement, d'audits externes. Par ailleurs, le système d'amélioration continu permet d'effectuer des actions correctives et préventives, tout autant que les processus sont pilotés par des salariés *ad hoc*.

Intégration des procédures de lutte contre les discriminations dans le système de management de la qualité Alain Gavand Consultants

Dans le cadre de son système qualité ISO 9001, le cabinet a défini ses obligations à l'égard des candidats dans un document intitulé « les engagements de la direction », la charte qualité et la charte diversité inclus dans le Manuel d'assurance qualité.

L'obligation à l'égard du candidat est exprimée de la façon suivante dans le point 3 de la charte qualité :

« *Nous nous engageons à satisfaire les attentes des clients candidats ou bénéficiaires à toutes les étapes de la relation, [...] pour nos activités de recrutement, en garantissant que nos procédures et pratiques ne conduisent pas à écarter de candidats en raison de mesures discriminatoires directes ou indirectes.* »

Et dans le point 2 de la charte diversité du cabinet :

Le cabinet s'engage « *à réviser l'ensemble de ses procédures, les intégrer dans son système qualité (ISO 9001) et soumettre ses pratiques à un audit par un organisme externe qui certifie qu'elles sont conformes à ses engagements.* »

▶▶▶

L'ensemble des procédures a été révisé pour toutes les étapes du processus de recrutement et intègre des documents normatifs et indicatifs.

À titre d'exemple pour la procédure de rédaction d'annonce :

- *« le consultant veille à ne pas insérer de mentions qui pourraient induire une discrimination à l'égard des candidats susceptibles de répondre à l'annonce. »*

- *« Toutes les annonces sont relues par le responsable projet diversité pour validation électronique. »*

- Une notice indique l'ensemble des mentions qui ne peuvent figurer dans l'annonce.

- Lors des audits par l'organisme de certification LRQA, l'auditeur est amené à contrôler que toutes les annonces ont bien été validées par le responsable projet diversité et que les annonces sont conformes.

Contrôle

Des audits internes et externes vérifient la bonne application des procédures.

La gestion de la diversité trouve des réponses différentes selon les contextes internes et externes de l'entreprise, comme l'ont démontré les exemples de solutions présentées. Celles-ci doivent être appliquées aux enjeux et aux spécificités de chaque entreprise. Le projet doit, certes, mobiliser les services ressources humaines, les chargés de recrutement, mais la clé du succès sera d'envisager cette thématique de façon collective en associant le maximum d'acteurs : direction, managers, et représentants des salariés.

11. Et vous ?

Dans votre entreprise, pensez-vous qu'il serait utile de mettre en place des formations pour les managers afin que ceux-ci soient plus à même de manager la « diversité » ?

....

....

....

Dans votre entreprise, sous quelle forme pourraient être définies de nouvelles directives en matière de recrutement ?

....

....

....

Chapitre 9

Troisième axe :
réviser les procédures de recrutement

La suppression de la discrimination à l'embauche impose une remise à plat complète des procédures de recrutement, des modes de recherche des candidats jusqu'à la sélection. L'enjeu pour les professionnels de ressources humaines consiste à définir les nouveaux standards du recrutement en France. Un tel bouleversement induit que les techniques usitées jusqu'alors manquaient de professionnalisme et qu'elles ne permettaient pas de garantir l'égalité de traitement à tous. Ce changement risquera donc d'engendrer de fortes résistances.

Si l'on veut se départir de la « langue de bois » et de la position de donneur de leçons, une première étape sera d'assumer soi-même ses erreurs.

Mais, plutôt que faire le procès de nos méthodes antérieures, tournons-nous vers l'avenir, à la lumière des informations disponibles sur les pratiques discriminatoires en France. Fort de cette prise de conscience de la part de toute la société française, cherchons des solutions concrètes pour améliorer nos pratiques.

Première étape de la procédure de recrutement : professionnaliser la définition de poste

Pourquoi définir le poste et les compétences requises ?

La première étape du travail de recrutement réside dans la description du poste à pourvoir en précisant les responsabilités et les missions confiées. Cette analyse du travail oblige le recruteur à identifier de façon méthodique et précise les compétences requises. Elle présente de nombreux avantages.

Éviter les jugements binaires

Trop souvent, le recruteur se fie à la seule impression générale dégagée par la lecture d'un CV ou la rencontre en entretien, sans référence à un profil requis précis. Se référer à des critères préalablement établis pour savoir si le candidat est adapté ou non à un poste évite les jugements binaires sur les personnes du type bon/mauvais.

Se départir des préjugés

Cette analyse est indispensable pour limiter les pratiques discriminatoires car elle reporte l'attention du recruteur sur les aptitudes professionnelles ou les critères de réussite et, ainsi, l'éloigne de ses préjugés. C'est un premier pas pour le recruteur, afin de se départir de ses *a priori* sur les compétences de certains profils : Ces *a priori* peuvent se rapporter à des arguments commerciaux : « *Je ne veux pas un profil issu de l'immigration car mes clients risquent de le rejeter.* » Ou des préjugés tels que : « *Une femme n'est pas assez disponible, un senior n'est pas assez dynamique.* » Il peut également être avancé des critères d'adaptation des futurs candidats : « *une femme ne s'intégrera pas dans un univers de production masculin, les équipes sont racistes et refuseront d'être encadrées par un jeune beur, les hommes n'accepteront pas d'être managés par une femme...* »

Confronter sa vision du poste

Une analyse du poste et une définition rigoureuse avec tous les acteurs impliqués de l'entreprise sont de bons moyens pour le recruteur d'éviter de se faire *son* idée du profil idéal, afin de répondre, au mieux, aux exigences du service et de l'entreprise.

Éviter d'anticiper une demande discriminatoire

Par ailleurs, le recruteur, consciemment ou non, a tendance à anticiper un comportement discriminatoire du décideur final : « *Ce n'est pas la peine de présenter des profils féminins ou issus de l'immigration ou trop seniors car ils seront éliminés lors des entretiens par les opérationnels ; ce serait une perte de crédibilité et de temps, y compris pour les candidats de leur faire croire qu'ils ont une chance d'être embauchés.* »

Actualiser les informations

Les grands groupes, qui ont mis en place une démarche « compétences » et qui ont élaboré un référentiel de compétences (c'est-à-dire la liste des compétences clés reliées à chaque poste) devraient logiquement s'appuyer sur celles décrites. Mais, bien souvent, les outils utilisés en recrutement dérivent et sont plus implicites… Il est donc nécessaire d'actualiser, à chaque ouverture de poste, la définition de poste et des critères de sélection.

Se centrer sur les compétences réellement attendues

Dans certains cas, les critères de recrutement ne correspondent pas à un besoin réel car il n'est pas toujours facile de le discerner. Ces critères imposés participent en effet à un formatage qui sécurise tout le monde et trouve ses origines lointaines dans la culture de l'entreprise. Un critère, tel que la maîtrise de la langue anglaise, alors qu'elle est peu sollicitée dans le poste, est avancé en perspective d'une évolution ultérieure et contribue ainsi à éliminer des profils qui pourraient être opérationnels pour le poste. Une entreprise exige telle école d'ingénieur ou de commerce, ce qui a comme effet de renforcer la sélection sociale.

Pour les recruteurs, les axes de progrès indispensables pour sécuriser une étape sensible et sujette à des pratiques discriminatoires consistent à s'assurer que les critères avancés concernent la compétence. Il leur faudra formaliser cette étape, confronter les critères à la réalité du terrain et, enfin, échanger entre les opérationnels, les services ressources humaines ou un cabinet de recrutement qui apporte son regard extérieur[1].

Des demandes paradoxales difficiles à gérer

Quels que soient les outils utilisés, le recruteur est confronté à des demandes complexes. En voici quelques exemples[2] :

Cas n° 1 : « Je veux un candidat âgé de 30/32 ans »

Une entreprise a mené une réflexion sur la gestion des effectifs et des compétences. Au sein du service ressources humaines, l'entreprise n'est pas en mesure d'assurer la relève pour les postes de responsables ressources humaines sur les sites de production répartis dans toute la France. Sa population est vieillissante et les cadres en poste ne sont pas mobiles. Pour eux, les postes de RRH sur un site ne représentent une évolution ni en termes de niveau de responsabilité, ni sur le plan de la rémunération. La solution adoptée par l'entreprise serait de recruter en externe des candidats jeunes, justifiant d'une première expérience, et de les former en les positionnant à des postes d'adjoint ou à des responsabilités partielles (telles que la formation, le recrutement, la gestion des compétences ou les relations sociales). Ainsi l'entreprise constituerait un vivier. Le DRH adresse sa demande au service recrutement de la manière suivante : « *Je veux un candidat de 30/32 ans, que nous formerons à nos méthodes et qui pourra évoluer.* »

---

1. Voir les fiches outils de IMS-Entreprendre pour la Cité sur toutes les étapes de recrutement (www.imsentreprendre.com).
2. Ces cas sont fictifs et issus de nombreux échanges avec des entreprises.

Quelle est votre réaction ?

....

....

....

Quelques pistes de réflexion à l'intention du DRH

- Rappeler l'intérêt de la diversité dans l'entreprise ;

- L'âge est un critère illégal ;

- Le *turnover* élevé des jeunes ne garantit pas que le candidat restera après avoir été formé par l'entreprise dans une perspective d'évolution ;

- N'est-il pas envisageable d'embaucher des candidats qui ont été formés par d'autres entreprises ?

- N'est-il pas risqué de positionner des candidats très jeunes à des fonctions où l'expérience est un atout, notamment dans un poste de responsable ressources humaines qui requiert des compétences en négociation sociale ?

- Peut-on envisager des trajectoires autres qu'ascensionnelles ? Ainsi, un candidat pourrait après 50 ans revenir à un poste de niveau moins élevé de responsabilité et de rémunération souhaitée (ses besoins financiers sont parfois moins importants).

- Peut-on raisonner en termes de performance au poste plutôt qu'en termes de potentiel ? La notion de potentiel n'est-elle pas un alibi ?

- N'est-il pas envisageable de confier, en plus des responsabilités opérationnelles, des projets transversaux à un senior afin de mieux exploiter ses compétences (par exemple, la formation et le *mentoring* de jeunes recrues) ?

- L'entreprise est confrontée à moins de candidats et des prétentions salariales très élevées pour ces profils âgés entre 30 et 35 ans car tous les grands groupes visent ce type de profil. Ne gagnerait-elle pas à changer de cible ?

- Donner un exemple de réussite d'un senior performant dans l'entreprise.

Cas n° 2 « Je veux masculiniser mon service »

On recrute le responsable comptable d'un grand groupe. Le directeur administratif et financier souhaite masculiniser le service qu'il considère comme trop féminisé. Il avance l'argument suivant au directeur des ressources humaines : « *J'ai une population féminine dans mon équipe et pour l'équilibrer, je préférerais un homme.* »

Quelle est votre réaction ?

....

....

....

Quelques pistes de réflexion à l'intention du directeur administratif et financier

- Rappeler l'intérêt de la diversité dans l'entreprise ;

- La catégorisation homme/femme est-elle la plus pertinente ? Qu'apporte-t-elle ? Ne faudrait-il pas considérer d'autres catégories : compétent/non compétent, communiquant/non communiquant, organisé/non organisé, leader/non leader… ?

- Quelle est la problématique du service ? En quoi est-elle liée à sa féminisation ?

- Montrer pourquoi ce critère est arbitraire ;

- Le directeur administratif et financier rencontre-t-il des problèmes aujourd'hui avec des salariées ? Quelles compétences n'ont-elles pas et quelles sont celles qu'elles devraient acquérir ?

- Y a-t-il derrière cette objection une crainte de moindre disponibilité de la part d'une femme ?

- L'argument d'opter pour un homme est-il avancé parce que le poste est une position d'encadrement et qu'implicitement, le directeur administratif et financier réserve cette fonction aux hommes ?

- Y a-t-il des aménagements en termes d'horaires qui pourraient être envisagés ? Y aurait-il des moyens pour mieux gérer sa disponibilité ?

- Donner un exemple de réussite d'une femme performante dans l'entreprise.

Cas n° 3 : « Je veux un candidat disponible »

Le manager d'une société de conseil recherche un auditeur et formule sa demande au cabinet de recrutement de la façon suivante : « *Je souhaite un candidat très disponible et qui devra effectuer de nombreux déplacements, je suis inquiet quant aux candidates avec de jeunes enfants.* »

Quelle est votre réaction ?

....

....

....

Quelques pistes de réflexion pour le consultant en recrutement

- Rappeler l'intérêt de la diversité dans l'entreprise ;

- Les critères sont induits par la demande de l'opérationnel et peuvent engendrer une forme de discrimination. Le rôle du cabinet est de rappeler le sens d'un recrutement basé sur la compétence et le cadre légal ;

- Le critère de la situation familiale est illégal ;

- La question des contraintes du poste sera présentée lors de l'entretien ;

- Que signifie « disponibilité » à l'égard de l'entreprise ? Peut-on le définir ? N'y a-t-il pas différents moyens de la démontrer ? La disponibilité n'est-elle pas une disposition d'esprit plutôt qu'un critère que l'on décrète et que l'on attribue à un sexe ou une situation familiale ?

- Le manager a-t-il rencontré des femmes plus disponibles à l'égard de l'entreprise que des hommes sans « contraintes particulières » ?

- Toutes les femmes ne rencontrent pas des problèmes de disponibilité et beaucoup ont des systèmes de garde très performants ;

- Ce n'est pas au recruteur de préjuger *a priori* de la disponibilité pour toute une catégorie de candidats ;

- Donner un exemple de réussite d'une femme particulièrement disponible dans l'entreprise.

Cas n° 4 : « Je veux un candidat BCBG, comme mes clients »

Une entreprise qui commercialise des services à une clientèle de professions libérales souhaite, pour un poste d'attaché commercial, un candidat à la présentation soignée et dont le niveau socioculturel soit en phase avec le profil de ses clients : « *Je veux un candidat qui ait le look de mes clients et qui puisse parler golf avec eux pour briser la glace lors de l'entretien de vente.* »

Quelle est votre réaction ?

....

....

....

Quelques pistes de réflexion à l'intention du responsable recrutement

- Rappeler l'intérêt de la diversité dans l'entreprise ;
- Faut-il ressembler à ses clients pour bien vendre ?
- La connaissance du milieu social ne peut-elle pas s'acquérir ?
- N'y a-t-il pas des techniques de ventes qui pourraient être plus efficaces que la similitude de style avec ses clients ou la conversation sur le golf ?
- On risque d'éliminer d'emblée certains profils issus de milieux plus modestes ou des banlieues ;
- Le look ne peut-il s'acquérir ?
- Ne peut-on privilégier des critères plus prédictifs de la réussite à un poste commercial, tels que la ténacité, la résistance à la frustration ou le sens de l'écoute ?
- Donner un exemple de réussite d'un commercial très différent de ses clients et performant dans l'entreprise.

Cas n° 5 : « *Je ne veux pas changer mes critères de recrutement* »

Une enseigne spécialisée dans la commercialisation de produits de beauté rencontre des difficultés dans le recrutement de ses directeurs de magasins. Le responsable recrutement se plaint de ne pas recevoir suffisamment de candidatures et se tourne vers un cabinet de recrutement. La première question posée par le consultant est celle-ci : « *Si vous ne trouvez pas de femmes, pourquoi ne laissez-vous pas ouverte la question du sexe ? Homme, femme, quelle est l'importance ?* » Cette question soulève un bouclier d'objections de la part du client : « *Les effectifs sont essentiellement féminins, c'est mieux qu'une femme les dirige… Mettez-vous à la place des clientes si elles voient apparaître un homme. Et puis, nos directeurs régionaux sont des hommes et ils entretiennent avec leurs directrices des relations très privilégiées ! Enfin, des candidats masculins ne seraient pas intéressés par ce poste.* »

Quelle est votre réaction ?

....

....

....

Quelques pistes de réflexion à l'intention du consultant en recrutement

- Rappeler l'intérêt de la diversité dans l'entreprise ;
- Le critère du sexe est illégal ;
- Faut-il être une femme pour vendre des produits à des femmes, faut-il être un homme pour vendre des produits à un homme ?
- L'argument du faible intérêt des candidats masculins ne doit-il pas être avancé par les candidats eux-mêmes ? Qui peut décider à la place d'un candidat ce qui est motivant ?
- L'entreprise connaît des difficultés de recrutement pour ce poste, ne gagnerait-elle pas à élargir ses critères ?
- La culture de l'entreprise et ses modes managériaux ne sont-ils pas à clarifier ou remettre en question ?
- Prévoir un accompagnement à l'intégration du futur collaborateur ;
- Donner un exemple de réussite d'un recrutement où les critères ont été ouverts.

Cas n° 6 : « Que diraient nos clients ? »

Une entreprise familiale établie près de Bordeaux depuis plusieurs générations est spécialisée dans la commercialisation de foie gras auprès de professionnels. À la suite du départ à la retraite du grand-père en charge de la fonction commerciale, cette société recherche un attaché commercial basé à Paris. Le gérant de la société demande à son épouse responsable du recrutement « *un profil capable de représenter la famille, qui nous ressemble et qui ne vienne pas des banlieues* ». Il complète sa demande par l'argument suivant : « *D'ailleurs, que diraient nos clients ? »*

Quelle est votre réaction ?

....

....

....

Quelques pistes de réflexion à l'intention de la responsable du recrutement

- Rappeler l'intérêt de la diversité dans l'entreprise ;

- Rappeler le caractère illégal d'un tel critère ;

- Faire exprimer les stéréotypes et préjugés relatifs au profil exclu. Analyser si au travers du rejet de la banlieue s'exprime une forme de racisme ;

- Rappeler la conséquence que représente le fait de priver un candidat du droit à un traitement égal de sa candidature ;

- Contredire le bien fondé du rejet de la part de ses clients. Qu'en sait-il ? Leur a-t-il demandé ? N'anticipe-t-il pas le besoin du client ?

- Insister sur le fait qu'il ne s'agit pas de faire de la discrimination positive mais de ne pas exclure un candidat qui est compétent au motif de son origine sociale ou ethnique ;

- Insister sur le fait qu'il y a aujourd'hui toute une génération de jeunes diplômés issus de l'immigration particulièrement motivés et qui veulent prouver leurs compétences ;

- Revenir à la notion de compétences commerciales et de réussite ;

- Donner un exemple de réussite d'une personne issue de l'immigration dans son entourage (concurrent, fournisseur...).

Définition de poste et critères illégaux

On le voit, la discrimination d'emblée et en toute bonne foi n'est pas chose rare dans cette première étape du recrutement que constitue la définition du poste. Or, même si ce travail est réalisé à l'intérieur des murs de l'entreprise, c'est-à-dire sans interaction directe avec les candidats, la discrimination à ce stade est déjà illégale et des condamnations ont eu lieu, comme nous le prouve « l'affaire IKEA ».

En 1998, la responsable du catalogue IKEA pour la France avait adressé un message électronique à 16 correspondants répartis dans les magasins, en vue du recrutement de contrôleurs chargés de s'assurer de l'efficacité de la distribution du catalogue. Le message mentionnait : « *Pour ce type de travail, ne pas recruter des personnes de couleur car c'est malheureux à dire, mais on leur ouvre moins facilement la porte et il s'agit d'avancer vite.* »

Le tribunal de grande instance de Versailles en 2001 a déclaré la responsable du catalogue coupable et la condamne à une amende délictuelle de 30 000 francs. La société Meubles IKEA France, civilement responsable, a été condamnée à payer la somme de 30 000 francs à l'association SOS Racisme, 30 000 francs au Mouvement contre le racisme et pour l'amitié des peuples et 10 000 francs à chacune des organisations syndicales comparantes (CFDT commerce et services du Rhône, l'union départementale CFDT du Rhône, l'union départementale CGT, Fédération CGT du commerce, de la distribution et des services).

On notera cependant qu'à la suite de cette condamnation, IKEA s'est engagée activement dans la lutte contre les discriminations, en systématisant dans ses recrutements le recours à la méthode des habiletés, basée sur la compétence.

L'improvisation, la subjectivité, ainsi que le manque de méthode et de temps consacré à la définition de poste caractérisent la façon dont les entreprises procèdent, à ce stade pourtant décisif du processus de recrutement.

Les définitions de postes sont souvent rédigées par l'opérationnel, sur un coin de table, entre 19 heures et 20 heures lorsqu'il a terminé sa journée de travail… Bien sûr, les opérationnels peuvent arguer qu'ils croulent sous la masse de travail et qu'ils sont en sous-effectif dans leur service. Ils peuvent avancer l'argument que ce n'est pas leur métier et qu'ils ne savent pas comment faire. Savoir s'entourer, être capable de bien recruter, intégrer la diversité dans son équipe fait pourtant partie intégrante de la compétence d'un manager. De surcroît, les enjeux pour la performance du service et de l'entreprise sont tels que cette tâche ne peut être prise à la légère. De nombreuses solutions existent pour professionnaliser l'étape de définition du poste.

Six actions pour limiter la discrimination au stade de la définition de poste

1. Élaborer la définition de poste collectivement

Pour l'opérationnel, la garantie d'efficacité est d'échanger sur sa vision du poste et du profil requis avec une personne de confiance et d'expérience – de préférence, un membre du service RH ou un consultant en recrutement formé aux problématiques de non-discrimination. Ensemble, ils pourront prendre du recul et confronter leurs points de vue.

2. Structurer la méthode d'analyse du travail

L'analyse du travail se cantonne trop souvent à un copier-coller de documents standards et vides de sens. Il existe cependant plusieurs méthodes[1] :

- **L'entretien ouvert :** c'est la méthode la plus courante car elle est peu formalisée… mais elle reste difficile à interpréter. Elle consiste

▶▶▶

---

1. D'après Claude Lévy-Leboyer, *Évaluation du personnel. Quels objectifs ? Quelles méthodes ?* Éditions d'Organisation (4ᵉ édition), 2002.

▶▶▶

à interroger les personnes en poste, ainsi que leur hiérarchie en conduisant des entretiens ouverts ou, parfois, des entretiens de groupe ;

- **Le questionnaire ou la check-list** est une voie plus structurée qui s'offre aux recruteurs. Ce questionnaire vise à organiser le recueil des données ; on peut s'inspirer d'un document déjà existant, ou créer son questionnaire spécifique (par exemple, le PAQ de McCormick, l'analyse de poste de Fleishman qui porte sur les capacités cognitives, sensorielles, psychomotrices et la personnalité mises en jeu, édité par la société ECPA, ou encore l'UCF, qui permet d'analyser les compétences et qui a été conçu par l'éditeur de tests SHL). Cette méthode nécessite cependant une formation ;

- **Le journal personnel du collaborateur :** cela consiste à demander au titulaire du poste de noter, au cours d'une période assez courte (une semaine) toutes les tâches qu'il accomplit dans une journée de travail. Cette méthode est familière pour tous, mais son inconvénient est la lourdeur de la réalisation ;

- **L'observation directe du travail en temps réel.** L'avantage est que cette méthode paraît facile, mais elle est incomplète pour ce qui n'est pas observable ;

- **La méthode « des incidents critiques »** élaborée par Flanagan (1954) consiste à demander aux responsables de se souvenir d'incidents importants, au cours desquels les salariés ont bien ou mal agi. Il s'agit de recueillir les comportements qui jouent un rôle déterminant sur la qualité du travail effectué. Focalisée sur les causes de la réussite, l'investigation est parfois partielle.

3. Rappeler le cadre légal

La formalisation de la définition de poste permet plus aisément de repérer et d'écarter les critères illicites, surtout si elle est systématiquement validée par le service ressources humaines ou la direction de l'entreprise. C'est le rôle de la direction et des services ressources humaines de rappeler à l'ordre les salariés en cas de dérive éthique ou juridique.

▶▶▶

▶▶▶

4. Justifier tous les critères de recrutement

Pour chaque critère, le recruteur en explique le motif et le pondère. La démarche de travail devrait être une exploration systématique des motivations de chaque critère, de façon à garantir leur bien fondé.

5. Ouvrir les critères

Très souvent, l'emploi de critères de sélection est dicté par l'usage, les coutumes de l'entreprise ou un faux bon sens. Un nouveau recrutement est l'occasion de repenser les définitions de poste et d'« ouvrir » les critères, afin de s'adapter au marché de l'emploi et de ne pas reproduire les schémas existants.

De surcroît, la pénurie de compétence peut être un bon argument pour élargir le vivier de candidatures et tenter des expériences, en recrutant par exemple des profils plus seniors, des jeunes issus de l'immigration, une femme, alors que traditionnellement on choisit un homme.

6. Rappeler l'intérêt de la diversité

Rechercher toujours les mêmes « clones » et écarter systématiquement les profils plus atypiques appauvrit le terreau de l'entreprise. Une meilleure compréhension de son environnement, une plus grande représentation de sa clientèle, une réactivité accrue, la solution à la pénurie de compétences, la responsabilité sociale de l'entreprise, ce sont des arguments que les services ressources humaines devront de plus en plus mettre en avant.

Contenu type d'une description de poste[1]

Une description de poste devrait toujours contenir les informations suivantes :

L'identification du poste :

- L'intitulé exact ;
- Le nombre de personnes occupant le même poste ou la même fonction ;
- La situation du poste à l'intérieur de l'organisation et de son organigramme.

Les objectifs du poste :

- C'est-à-dire les responsabilités du titulaire et la nature des résultats qu'on attend de lui ;
- Le cas échéant, le nombre de personnes encadrées et le degré de responsabilité en matière de management, ainsi que les responsabilités d'ordre financier ;
- Le soutien et le contrôle que le titulaire reçoit de son supérieur hiérarchique.

Les relations avec d'autres personnes (internes ou externes), notamment la clientèle, et la nature de cette relation : information, assistance technique, ordres à recevoir ou à donner, animation d'équipes...

Les conditions physiques de travail :

- Lieu de travail ;
- Horaires ;
- Nature des exigences physiques des tâches et, éventuellement, des risques encourus.

---

1. D'après Smith et Robertson, 1986, cité par Claude Lévy-Leboyer, *Évaluation du personnel. Quels objectifs ? Quelles méthodes ?* Éditions d'Organisation (4e édition), 2002.

> ▶▶▶
> **Les conditions de rémunération et avantages**
> - Salaire et avantages, retraites et pensions, primes et bonus ;
> - Règles concernant les absences ;
> - Conditions de promotion ou de mutation et de développement de carrière.

Aucune méthode d'analyse de travail ne réunit donc, à elle seule, tous les atouts. Mais des techniques efficaces sont, malheureusement méconnues et peu ou mal utilisées. Les entreprises doivent donc faire un effort pour les connaître et les employer à bon escient. Elles y gagneront de trouver des candidats qui ne sont pas tous issus du « même moule » et répondent mieux à leurs besoins.

12. Et vous ?

Et dans votre entreprise, comment les définitions de postes sont-elles réalisées ? Quelle méthode est utilisée ?

....

....

....

Selon vous, comment serait-il possible d'améliorer l'élaboration de la définition de poste ?

....

....

....

Deuxième étape de la procédure de recrutement : le *sourcing* ou la recherche de candidats

L'entreprise peut-elle élargir les canaux de recherche de ses candidats et attirer des personnes généralement exclues de l'entreprise ? Assurément, à condition de garantir, à l'étape de sélection, que seule la compétence sera prise en compte.

Plusieurs actions d'amélioration peuvent être menées : l'entreprise peut tout d'abord aller directement à la rencontre de profils qu'elle avait tendance à écarter jusqu'alors ; deuxièmement, sa communication institutionnelle pourra développer des messages forts sur le thème de la diversité ; troisièmement, sa vigilance sera accrue en ce qui concerne la publication d'annonces ; enfin, la cooptation, qu'elle soit formalisée ou non, ne doit pas renforcer les mécanismes de « clonage » et des précautions doivent être prises en conséquence.

Élargir le ciblage des candidats

Se cantonner à envoyer l'annonce aux grands médias généralistes, aux organismes de placement des grandes écoles ou universités revient à faire passer le message subliminal : « *Nous cherchons des candidats dotés d'une culture particulière et qui entrent dans un certain moule.* »

Il est possible d'adresser un message plus ouvert en diversifiant ces médias et de partir à la rencontre de viviers de candidats qui sont généralement peu contactés. Outre le fait de pallier l'insuffisance de candidats, cela présente l'avantage de trouver des candidats qui ont un atout majeur : l'envie de réussir.

À titre d'exemple la société d'audit et de conseil Deloitte (120 000 personnes), s'est fixé l'objectif d'assurer la diversité des profils recrutés. Celle-ci suppose une diversité des formations des personnes recrutées, et donc des écoles d'origine. L'entreprise a donc décidé de diversifier ses canaux de recrutement. Chaque année, Deloitte redéfinit ses écoles cibles et analyse les recrutements effectués. L'entreprise évalue notamment les pourcentages provenant d'une même école, des personnes d'origine étrangère ou de sexe féminin. Elle va jusqu'à bloquer le nombre de recrutement d'élèves issus d'une même école. Cela évite d'avoir une uniformité dans les profils internes. En parallèle, l'opération « nouveaux potentiels » a visé à ouvrir ses recrutements à des profils atypiques pour ses métiers (historiens, médecins...). Une collaboration avec l'ESCP a été menée afin de mettre à niveau les nouvelles recrues dans le domaine de la comptabilité et de la gestion[1].

Des partenariats pour élargir le *sourcing*

Opération « Ça va être possible »

En 2003, huit grands groupes (Schneider Electric, BNP Paribas, Total, Indosuez, AXA...), à l'initiative de Claude Bébéar, se réunissent avec IMS-Entreprendre pour la Cité et SOS Racisme dans le cadre de l'opération « Ça va être possible ». Le principe est de remédier au manque de réseau relationnel des personnes issues de l'immigration et habitant dans les banlieues. Les entreprises leur apportent un regard positif et leur facilitent l'accès aux entretiens. Cette action spécifiquement réservée à des Bac + 5 a concerné environ 4 000 candidats mis en relation par les deux associations partenaires et a généré une centaine d'entretiens par an et une quarantaine d'embauches. Les résultats sont certes modestes, mais l'apport pour ces jeunes est considéré comme une action supplémentaire à toutes leurs démarches entreprises. Ce partenariat a ouvert la voie à d'autres initiatives telles que celles de l'AFIJ, l'AFIP, APC...

---

1. Lutte contre les discriminations, Charte de la diversité dans l'entreprise, dossier de presse, 22 octobre 2004 (www.social.gouv.fr).

Le pôle Emploi & Diversité[1]

Pôle de l'association IMS-Entreprendre pour la Cité, cette entité prend en compte tous les aspects de la diversité ; géographiques, sociaux, ethniques, culturels, subjectifs et cognitifs.

L'AFIJ[2]

Cette association facilite l'insertion des jeunes diplômés avec des actions en faveur des jeunes issus des zones urbaines sensibles.

AFIP[3]

Cette association, fondée par Carole Da Silva, milite contre les discriminations à l'emploi et aide les jeunes diplômés issus de l'immigration à trouver un emploi (Bac + 2, minimum, et jusqu'à 35 ans). Elle les accompagne sous forme de coaching et mobilise un réseau de parrains en activité ainsi qu'un réseau d'entreprises.

AFRICAGORA[4]

Créé en 1999 par Dogad Dogoui, c'est un club et une association composée d'entrepreneurs, de cadres et d'élus originaires d'Afrique, de la Caraïbe et du Pacifique, et œuvrant pour l'intégration économique, l'insertion professionnelle et la promotion sociale des minorités ethniques.

APC Recrutement[5]

Spécialisé dans la promotion de la diversité, APC Recrutement propose aux entreprises, dans le cadre d'opérations de recrutement, des candidats issus des quartiers populaires. APC Recrutement prend en compte tous les éléments constitutifs de la diversité (éléments géogra-

1. « www.emploidiversite.com ».
2. « www.afij.org ».
3. « www.afip-asso.org ».
4. « www.Africagora.org ».
5. « www.apcrecrutement.com ».

phiques, sociaux, ethniques, culturels, subjectifs et cognitifs) et présélectionne tous types de profils. Le cabinet dispose d'une base de données de 2 000 candidats.

Le site diversité-emploi[1]

C'est un portail de la diversité et de l'emploi afin de faciliter la rencontre entre l'offre et la demande d'emploi. À l'initiative du ministère délégué à la Promotion de l'égalité des chances, il est le fruit d'un partenariat avec le site emploi Monster qui diffuse ses offres, l'ANPE qui centralise des CV de jeunes diplômés issus des quartiers sensibles et les forums emploi organisés par le MEDEF dans le cadre de l'opération « Nos quartiers ont du talent ».

AGEFIPH[2] pour les handicapés

En vue de susciter des candidatures de personnes handicapées, il est recommandé d'établir des partenariats avec des associations de promotion de l'emploi de personnes handicapées, notamment l'AGEFIPH. Cette association est dotée d'un site Internet, sur lequel les entreprises peuvent déposer leurs annonces.

Cap Emploi

C'est un réseau composé de 119 organismes de placement spécialisés, répartis sur l'ensemble du territoire français. Présents dans chaque département, ils apportent un service de proximité aux entreprises et aux personnes handicapées pour toutes les questions liées au recrutement et au parcours vers l'emploi. Financé par l'AGEFIPH, le réseau est composé d'un millier de professionnels. Il accompagne les entreprises dans leur démarche de recrutement et sélectionne des candidatures répondant aux critères définis.

---

1. « www.diversité-emploi.fr ».
2. « www.agefiph.fr »

▶▶▶

Des sites emplois pour les seniors

En ce qui concerne les seniors, il est possible de déposer une annonce sur des sites Internet dédiés[1].

Un cabinet de recrutement pour les seniors[2]

Ce cabinet est spécialisé dans le recrutement de cadres seniors

Des forums se mettent en place. Citons par exemple :

L'opération « Nos quartiers ont du talent »

Elle a été mise en place dans le cadre d'un partenariat avec le Medef et l'ANPE en Seine-Saint-Denis en novembre 2005. Elle permet aux entreprises de recruter des jeunes diplômés issus des quartiers sensibles. L'objectif est de les mettre en relation avec des employeurs via des forums organisés au cœur des quartiers. En avril 2006, sur les 200 jeunes accompagnés, 53 avaient déjà trouvé un emploi, alors même que l'opération n'en était encore qu'à ses débuts.

Afin d'élargir les cibles de recrutement, une autre action consiste à cibler les écoles « moins classiques » ou situées en ZEP et de conclure des partenariats avec celles-ci. Il est recommandé d'établir une liste d'écoles à qui les offres seront diffusées systématiquement. De plus, des actions de communication et des événements avec ces écoles pourront être organisés, ainsi que des actions en amont par l'offre de stages à des étudiants ou apprentis de ces zones. Cela permettra de mieux connaître ces profils et de repérer leur potentiel.

---

1. Par exemple, « www.seniorjob.fr » ou « www.afteris.com ».
2. « www.quincadres.com ».

Développer sa communication institutionnelle sur le thème de la diversité

L'entreprise a intérêt à communiquer sur la politique de diversité car ce sont des éléments fortement différenciateurs pour ses clients. Elle aura également avantage à communiquer auprès des candidats dans le cadre de la valorisation de son image d'employeur.

Citons l'exemple d'ADIA, quatrième réseau français de travail temporaire, qui s'est engagé depuis une dizaine d'années dans la lutte contre les discriminations. L'entreprise s'est illustrée en 2004 en confiant une étude de *testing* à l'Observatoire des discriminations[1]. Son engagement s'est traduit notamment depuis 2000 dans des actions de communications audacieuses. La dernière, en mai 2005 intitulée « Arrêtons le gâchis, laissons leurs chances aux compétences » démontre la forme souvent absurde qu'offre le marché de l'emploi à travers « l'histoire du jardinier » déclinée en quatre affiches :

- Un chef d'entreprise qui cherche des jardiniers qualifiés et qui n'en trouve pas ;

- Un jeune diplômé de sociologie qui est intéressé par le poste, mais qui n'est jamais reçu parce qu'il n'a pas le bon diplôme ;

- Une jeune femme qui se heurte aux préjugés d'un métier d'homme ;

- Un SDF qui n'en serait peut-être pas là si les entreprises recrutaient différemment.

Rédiger une annonce non discriminatoire

Une fois le média choisi, le recruteur devra formuler de façon synthétique le contenu du poste et les critères de sélection. Là encore, le risque

---

1. Voir chapitre 1.

d'une formulation rapide, machinale, et qui, par là même, devient tendancieuse, existe et doit être surveillée.

L'annonce de recrutement est souvent le premier contact d'un candidat potentiel avec le poste ; l'objectif à poursuivre au moment de sa rédaction est de veiller à ce que toutes les personnes ayant les compétences pour ce poste et recherchant un emploi se sentent légitimes à y postuler. Comme tout acte officiel de communication, il ne faut pas oublier que la passation d'annonces est soumise à un certain nombre de règles juridiques (voir l'encadré ci-dessous)

Les mentions conseillées et déconseillées d'une annonce non discriminatoire

Surveiller les mentions discriminatoires

Aucune mention ne peut faire apparaître une clause discriminatoire. L'annonce doit être conforme à la législation générale sur les discriminations (art. L. 122-45 du code du travail) et ne pas mentionner de critères relatifs à :

- L'origine ;
- Le sexe ;
- Les mœurs ;
- L'orientation sexuelle ;
- L'âge ;
- La situation de famille ;
- L'appartenance à une ethnie, une nation ou une race ;
- Les opinions politiques, les activités syndicales ou mutualistes ;
- Les convictions religieuses ;
- L'apparence physique.

▶▶▶

L'égalité homme femme doit être respectée

Interdiction est faite de mentionner le sexe ou la situation de famille du candidat recherché (art. L. 123-1 du code du travail).

Il est recommandé de mentionner les deux genres, lorsqu'il existe une dénomination au masculin et au féminin [directeur/directrice, ouvrier(e)] (recommandation de la circulaire 2-5-1984, JO p. 4995S).

Lorsque, au contraire, la dénomination de l'emploi n'existe qu'au masculin ou au féminin, il est recommandé soit d'ajouter une mention indiquant que l'emploi est offert aux candidats des deux sexes (un ingénieur H/F), soit d'utiliser des mots neutres tels que « personne chargée de... » (recommandation de la circulaire 2-5-1984, JO p. 4995S).

Enfin, il faut accorder systématiquement les articles, adjectif et participe passé aux deux genres : « é(e) ».

Ne mentionner aucun critère relatif à l'âge

Interdiction est faite de mentionner une limite d'âge supérieure, sauf obligation légale ou réglementaire (art. L. 311-4 du code du travail).

Il ne faut pas mentionner de limite maximum d'expérience et n'indiquer que le minimum d'années d'expérience car cela reviendrait à limiter l'âge.

Éviter, enfin les mentions suivantes senior, junior, jeune ingénieur et préférer les expressions « débutant » ou « confirmé ».

Être vigilant sur les mentions équivoques ou susceptibles de discriminer indirectement

Exclure, par exemple, les mentions de type : « homme de terrain ».

Il est conseillé de mettre en place des procédures de contrôle interne des annonces, par exemple par un responsable diversité, sensibilisé et formé aux politiques de lutte contre les discriminations. Son rôle est notamment de veiller à la conformité des annonces par une relecture systématique.

Il sera également utile d'effectuer régulièrement des audits internes et externes en ce qui concerne les parutions d'annonces.

Annonce non conforme

> Entreprise dans le secteur agroalimentaire recherche pour son site situé près de Lyon son
>
> **Directeur de fabrication**
>
> Rattaché au directeur général, vous mettrez en place une organisation efficiente de manière à gagner en productivité, coût de revient, qualité et délai. Vous encadrerez une équipe de production de 50 personnes en 3 x 8, ainsi que les services maintenance et qualité.
>
> Diplômé de l'ENSAM, homme de terrain doté d'excellentes capacités relationnelles et d'un bon sens de l'organisation, vous justifiez d'une expérience de 3 à 5 ans.
>
> *Merci d'adresser votre candidature à*
> pierre.durant@consultantsassociés.com

Annonce conforme

> Entreprise dans le secteur agroalimentaire recherche pour son site situé près de Lyon, son ou sa
>
> **Directeur (rice) de fabrication H/F**
>
> Rattaché(e) au directeur général, vous mettrez en place une organisation efficiente de manière à gagner en productivité, coût de revient, qualité et délai. Vous encadrerez une équipe de production de 50 personnes en 3 x 8, ainsi que les services maintenance et qualité.
>
> De formation supérieure dans le domaine mécanique, personne de terrain, doté(e) d'excellentes capacités relationnelles et d'un bon sens de l'organisation, vous justifiez d'une expérience minimum de 3 ans.
>
> *Merci d'adresser votre candidature à*
> pierre.durant@consultantsassociés.com

Les opportunités et les risques de la cooptation

Aujourd'hui, la cooptation devient une source de candidatures de plus en plus répandue, notamment pour les cadres. Ainsi, d'après l'APEC, en février 2006 un tiers des cadres déclarent avoir trouvé leur emploi actuel *via* « le marché caché » (c'est-à-dire en dehors des annonces), contre 20 % par le biais des petites annonces. Certains recruteurs avancent que le marché caché représenterait trois-quarts du marché de l'emploi. La question de la discrimination à l'embauche doit donc être abordée au-delà du schéma généralement abordé du recrutement par annonce.

La cooptation s'appuie sur les réseaux de connaissances des salariés de l'entreprise, émanant aussi bien des liens qu'ils ont conservés avec leurs écoles que de leurs parcours professionnels et personnels. La cooptation se démarque cependant du « piston » car la demande de l'entreprise s'arrête à la seule communication d'informations relatives à une personne identifiée.

Avantages

Les avantages sont multiples : la cooptation assure une source homogène et de bonne qualité de nouveaux collaborateurs car ils auront souvent le même type de cursus, d'expérience et de sensibilité. Cette approche est particulièrement pertinente lorsque l'entreprise recherche des candidats au sein d'une population ouverte sur l'extérieur et bénéficiant d'un réseau.

Les candidats entendent parler du fonctionnement de l'entreprise, de ses avantages et de ses contraintes, sans langue de bois. C'est aussi une manière d'associer le personnel au processus de recrutement, qui facilite la « prise de la greffe ». Enfin, cette opération est à la fois une communication de recrutement et une source de motivation interne supplémentaire. Le coût est assez faible puisqu'il se limite aux récompenses attribuées aux « coopteurs ».

Inconvénients

Cette méthode présente cependant un risque non négligeable au regard de la lutte contre les discriminations : l'homogénéisation des profils, au point que certaines entreprises ont décidé de l'interdire.

Lorsqu'une entreprise utilise et promeut ce moyen de recrutement, elle doit en préciser le cadre à ses collaborateurs et rappeler ses engagements en matière de diversité et de non-discrimination. Parmi les personnes que l'entreprise encourage à présenter, les salariés doivent être mis en garde de ne pas favoriser uniquement les profils qui leur ressemblent. Ils sont invités à puiser parmi leur réseau élargi et, pourquoi pas, à faire preuve de créativité… et d'audace.

Des voies nouvelles de cooptation sur Internet sont proposées telles que « cooptIn » ou « jobMeeters ». Il s'agit de mettre en relation des recruteurs et des candidats sur lesquels s'engagent des coopteurs. Ceux-ci gagnent une prime si un de leurs cooptés est recruté. Cette méthode présente plusieurs avantages par rapport aux approches traditionnelles de la cooptation : plusieurs niveaux de cooptation, *monitoring* et ouverture possible d'un point d'accès à des coopteurs sélectionnés (AFIP, APC…). On peut également parier que des profils issus de l'immigration seront plus actifs en matière de cooptation.

13. Et vous ?

Comment imaginez-vous que votre entreprise pourrait élargir son vivier de candidats ?

Comment les annonces sont-elles rédigées ? Par qui ? Y a-t-il des moyens de contrôle ?

....

....

....

Troisième étape de la procédure de recrutement : la sélection de CV

Lorsqu'ils envoient leur CV, les candidats fournissent spontanément des éléments d'information qui répondent… aux questions et critères que les entreprises recruteuses n'ont pas le droit de mentionner dans l'annonce ou dans l'entretien. Au premier rang des « armes » de la sélection, ils placent en effet les noms et prénoms, la date de naissance, l'adresse et la situation familiale – bref, des éléments de discrimination illicites[1] !

Les entreprises, sans en faire explicitement la demande, reconnaissent que ces informations sont pour elles un facteur de sélection : d'après l'étude de l'APEC[2], 70 % des entreprises qui recrutent directement déclarent accorder de l'importance à l'âge mentionné sur le CV. De même, il a été démontré que les mentions « maîtrise d'une langue d'Afrique du Nord » ou « adresse en Seine-Saint-Denis » sont un handicap pour trouver un emploi.

---

1. L'article L. 121-6 du Code du travail n'autorise à ne demander que des informations pertinentes présentant un lien direct et nécessaire avec l'emploi proposé. Peut-on dès lors demander en toute légalité un CV qui comprenne une multitude d'informations sans lien avec le poste ?
2. APEC, *Recrutement cadre : sélectionner sans discriminer,* APEC, Les Études de l'Emploi Cadre, février 2006.

Ces constats, ajoutés à l'opération de *testing* de l'Observatoire des discriminations, pourraient conduire à adhérer au principe du CV anonyme. Celui-ci est rendu obligatoire par la loi sur l'égalité des chances du 31 mars 2006 : « *Dans les entreprises de cinquante salariés et plus, les informations mentionnées à l'article L. 121-6 et communiquées par écrit par le candidat à l'emploi doivent être examinées dans des conditions préservant son anonymat. Les modalités d'application du présent article sont déterminées par décret en Conseil d'État. Le décret d'application définira les modalités d'application.* »

Améliorer le tri de CV ?

Nous avons déjà évoqué l'importance de former les recruteurs dans le chapitre précédent. Insistons cependant sur le fait que cette tâche d'exécution de tri de CV est souvent conçue comme administrative, simple et encadrée par des instructions sommaires – alors qu'il s'agit d'une étape à forte valeur ajoutée et déterminante dans le processus de sélection.

Le tri de CV doit être conduit avec le plus grand soin et nous recommandons de :

- Sensibiliser les personnes responsables du tri des CV à l'objectif de non-discrimination ;
- Sensibiliser les recruteurs à plus d'ouverture à des profils et parcours atypiques ;
- Motiver le refus et l'enregistrer sur le CV (sur le document papier ou dans le système de gestion de candidatures). La possibilité de contrôle réduit les stéréotypes ;
- En cas de doute sur la pertinence d'un choix de CV, ne pas hésiter à effectuer un « contre examen » par une deuxième personne ;
- Affecter plus de ressources compétentes afin de réduire la pression temporelle qui active les stéréotypes ;
- Utiliser le CV anonyme.

Le CV anonyme, de quoi s'agit-il ?

Au cours de ces derniers mois, de nombreuses personnalités, dont Jacques Chirac après les émeutes dans les banlieues en novembre 2005, se sont exprimées au sujet du CV anonyme. Il est également activement préconisé par SOS Racisme.

Anonymer un CV… on imagine un système de double enveloppe ou des petites mains équipées de Typex occupées à effacer les données non voulues. En fait, cela se passe rarement de cette façon. Le sens de cette méthode nouvelle n'est pas toujours clair pour tout le monde. Commençons donc par en préciser la réalité.

Le candidat a envoyé son CV « complet », avec toutes les informations le concernant, et c'est l'entreprise qui procède à l'anonymation. Selon les entreprises, les mentions éludées du CV pour aboutir au formulaire anonymé varient. En général, sont retirés les civilités, nom, prénom, adresse, âge, et photos. Peuvent être ôtées les activités extraprofessionnelles (révélatrices du milieu dans lequel on évolue). Et sont maintenues la formation, l'expérience, les compétences informatiques et linguistiques.

Dans sa recommandation du 5 juillet 2005 relative aux outils de mesure de la diversité, la CNIL indique que la mise en place d'une solution de « CV anonyme » n'appelle pas dans son principe d'observation au regard de la loi « informatique et libertés ». Elle rappelle que l'employeur doit veiller à la mise en œuvre d'une procédure d'anonymisation reposant sur l'effacement, non seulement de l'identité du candidat à un emploi, mais également de son adresse, de ses coordonnées téléphoniques et électroniques, de sa photographie, et de toute autre donnée permettant son identification.

Elle recommande que cette procédure soit conduite par une entité particulière, qui ne se confonde pas avec le service chargé de convoquer les candidats pour un entretien d'embauche. Seule cette entité devrait disposer de la table de correspondance entre l'identifiant porté sur le CV anonyme et le nom du candidat.

Les entreprises « puristes » comme la SSII Norsys ne conservent que les quinze dernières années d'expérience, de façon à ne pas éliminer les seniors (car le nombre d'années d'expérience révèle, de fait, l'âge du candidat). Dans le secteur informatique, cette démarche paraît pertinente, puisque l'actualisation des connaissances est l'un des facteurs clés de réussite d'un candidat. Pour d'autres métiers, le fait de ne pas connaître les premières expériences d'un candidat pourra représenter un handicap, notamment pour les candidats qui souhaitent revenir à des secteurs ou des fonctions qu'ils avaient abandonnés. Ainsi, un responsable ressources humaines qui postule pour un grand groupe dans la branche commerce présente un avantage concurrentiel certain en raison d'un démarrage de carrière dans la fonction commerciale. Cette double compétence et la connaissance du métier de la population qu'il aura à gérer sont ici un atout. L'occultation de la première partie de son CV le pénaliserait.

Enfin, l'anonymat est levé au moment de la convocation du candidat et le cours normal du processus de recrutement est repris.

Précisons que d'un point de vue déontologique, il est recommandé d'informer tous les candidats qui sont concernés par l'anonymation de leur CV.

Pour ou contre le CV anonyme ?

Avantages

Si des personnalités comme Claude Bébéar, Samuel Thomas de SOS Racisme, ainsi qu'une grande partie de la classe politique militent pour le CV anonyme, c'est qu'ils y voient un moyen conforme au principe de l'égalité des chances de lutter contre les discriminations, qui est jugée antinomique avec la méthode des quotas.

Les arguments favorables au CV anonyme s'appuient sur les résultats des opérations de *testing* qui démontrent que la discrimination est plus importante au moment du tri de CV que de l'entretien (et notamment, pour les personnes dont le patronyme est maghrébin). C'est aussi l'occasion pour l'entreprise d'envisager la refonte complète de leurs méthodes de recrutement.

Si la méthode du CV anonyme est une méthode intéressante pour réduire les pratiques discriminatoires, elle ne dispense pas de la vigilance en amont et en aval du processus de sélection et doit s'inscrire dans une démarche globale.

Inconvénients

Parmi les arguments opposés, citons celui du porte-parole du Syntec recrutement (le syndicat de la profession du conseil en recrutement) qui craint des CV sans saveur, uniformes… et la complexité de la mise en œuvre.

Et il est vrai que la décision de procéder à une sélection par CV anonymes contraint à changer les habitudes de recrutement : tout d'abord, il faut investir dans un outil technique ou dans une personne dédiée qui procédera à cette opération. De plus, les recruteurs craignent de perdre certains des repères qui leur permettaient d'aller très vite dans la sélection. Mais ces repères étaient-ils les plus pertinents ?

Les opposants au CV anonyme soutiennent également que la méthode risque d'accroître le marché caché, la cooptation et le fonctionnement de réseau, pour se soustraire au traitement égal des candidatures.

Évoquons également le cri du cœur d'un étudiant de Sciences po, issu de l'immigration : « *Je veux être embauché pour ce que je suis !* »

Alors, effectivement le CV anonyme change les repères et, dans un premier temps, obligera sans doute les recruteurs à écarter moins de CV, et donc à rencontrer davantage de candidats. Et ce, jusqu'à ce que les nouveaux repères axés davantage sur la définition de poste et les critères de formation, de connaissance métier, de connaissance du secteur, et de compétences se soient installés à leur tour.

Jurisprudence :
une bonne raison d'anonymer les CV...

La cour d'appel de Besançon confirme le jugement du tribunal de grande instance qui avait condamné les gérants et la directrice de l'entreprise Biophase à six mois d'emprisonnement avec sursis, ainsi qu'au paiement d'une amende de 1 500 et 5 000 euros.

Cette société, spécialisée dans la vente à domicile de produits et de soins cosmétiques, avait écarté systématiquement les curriculum vitae des candidats à un emploi dont le nom présentait une consonance étrangère, notamment les noms d'origine arabe, ainsi que les personnes de couleur, lorsque la photo permettait de le déceler.

Quels sont les différents procédés pour rendre les CV anonymes ?

Il faut d'abord préciser que les premiers CV anonymes ont été mis en place par AXA en janvier 2005, pour les seuls recrutements de commerciaux (500 postes par an). Nous en sommes donc aux balbutiements de ce mode de promotion d'égalité des chances. Aujourd'hui, très peu d'entreprises ont encore mis en place le CV anonyme : mis à part AXA, la seule grande entreprise à l'avoir systématisé est PSA. Les cabinets de recrutement à l'avoir mis en place sont rares, hormis le cabinet Alain Gavand Consultants (janvier 2006). L'association À compétence égale, créée en mars 2006 et regroupant parmi les plus grands cabinets de recrutement en France examine sérieusement cette démarche.

Et, bien sûr, ses promoteurs comptent sur l'effet boule-de-neige : les premières entreprises qui l'adopteront, animées par une conviction forte ou par des difficultés à recruter dans leur branche, l'expérimenteront pour les autres et certainement les convaincront au fil du temps.

Les entreprises qui recrutent par CV anonymes ont aujourd'hui recours à deux types de procédés[1] :

- L'anonymation manuelle : un assistant anonyme manuellement le CV sous Word et associe un numéro d'identification correspondant au CV anonymé. Lorsque le candidat est convoqué, l'assistant lève l'anonymat ;

- Le logiciel Léa, conçu par la société e-manation, propose trois niveaux d'anonymation :

  - *Léa Desk* permet à l'assistant de transformer les CV en formulaires anonymés, et c'est l'assistant qui sert d'interface avec le recruteur (transmission du formulaire anonymé et levé de l'anonymat) ;

  - *Léa web* permet au candidat de transformer son CV en un formulaire directement dans la partie « recrutement » du site de l'entreprise ;

  - Avec *Léa mail,* le candidat envoie son CV de façon non anonyme, par e-mail, et il reçoit pour validation un formulaire transformé au moyen d'un logiciel.

Dans ces deux derniers cas, la levée de l'anonymat est automatique et est enregistrée dans le système de gestion de candidatures, afin de conserver une traçabilité en cas de contrôle et de garantir le respect de la procédure.

Bien sûr, la mise en place du CV anonyme ne garantit pas la fin de la discrimination à l'embauche ; mais, c'est déjà une étape franchie pour la réduire.

---

1. Ajoutons également à ces procédés une initiative récente : le site CV@nonyme (www.cvanonyme.fr). Il s'adresse en priorité aux PME et collectivités locales souhaitant adopter très facilement le CV anonyme en assurant le rôle d'intermédiaire entre le recruteur et le candidat.

Le CV universel

L'association Éthique et Recrutement, créée en mars 2006, développe la notion de CV universel. Le principe est d'harmoniser les modes de dépôt de candidature afin qu'à partir d'un seul format de CV, en une seule opération, les candidats puissent s'inscrire dans les CVthèques des entreprises qui les intéressent. Cette solution ne doit cependant pas empêcher les entreprises de disposer de processus spécifiques de sélection des candidats.

CV d'origine envoyé par le candidat

Jeannot DUPUISARD

13, Chemin des Pommiers
77420 Champs-sur-Marne
e-mail : jeannot.dupuisard@yahoo.com
Tél :   01 26 45 89 53
Port :   06 94 09 11 35
30 ans – 2 enfant

PARCOURS PROFESSIONNEL

Depuis 2003   Ingénieur Système et réseaux – Université de Paris X
- Responsable technique pour l'ensemble des laboratoires du campus.
- Collaborateur technique pour le réseau métropolitain.
- Migration d'un réseau de campus : définition de l'architecture réseau virtuel (VLAN), cahier des charges, suivi de procédure d'appel d'offre, gestion de la migration.
- Configuration et administration des réseaux locaux du campus (TCP/IP, giga et fast-ethernet commuté).
- Configuration et administration système pour les serveurs WWW, de messagerie, de sauvegarde, d'applications et de fichiers des laboratoires de recherche du campus.
- Définitions des politiques de sécurité et de sauvegarde.

▸▸▸

⯈⯈⯈

- Programmation système sur serveurs et stations de travail UNIX.
- Organisation de l'infrastructure de communication lors d'évènements : colloques internationaux, salon grand public, et conférences.
- Formation des utilisateurs aux outils Internet et de communication (doctorants et chercheurs)

2001/2003   **Administrateur Système et Réseaux** – IUT de Cergy Pontoise / Département Informatique
- Administration des réseaux locaux (LAN)
- Programmation système sur serveurs UNIX (DIGITAL), sur serveurs PC sous Linux et Windows NT
- Maintenance du parc de PC/MAC.

COMPÉTENCES

Système : UNIX (TRUE64Unix, IRIX, Solaris), Linux (RedHat, Debian), Windows NT/9x,Mac OS

Réseau : Ethernet , TCP/IP, VLAN, Routeurs/Commutateurs (ALCATEL/ XYLAN, 3COM, CISCO)

Serveurs et protocoles : HTTP (Apache), FTP, Messagerie (SEND-MAIL, POP ; IMAP), News (NNTP)

Programmation : Shell, Perl, C, HTML,CGI

Sécurité : Firewall, Proxy (Squid)

LANGUES

- Anglais courant.
- Allemand lu parlé
- Espagnol (notions)

FORMATION

2001 Ingénieur Ecole Supérieure d'Informatique et Génie des Télécommunications (ESIGETEL).

1998 DUT Génie Electrique et Informatique Industrielle, option Réseaux Locaux Industriels, Université de Cergy Pontoise (95).

CV anonymé

Alain Gavand Consultants – CV anonyme

Candidat :   20060414_1100-0
Annonce :

EXPÉRIENCE PROFESSIONNELLE

Expérience 1   (la plus récente)
Durée :   3 ans et 3 mois
Poste occupé :   Ingénieur Système
Entreprise :   Université de Paris X

Ingénieur Système et Réseaux - Université de Paris X. *Responsable technique pour l'ensemble des laboratoires du campus. *Collaborateur technique pour le réseau métropolitain. *Migration d'un réseau de campus : définition de l'architecture réseau virtuel (VLAN), cahier des charges, suivi de procédure d'appel d'offre, gestion de la migration. *Configuration et administration des réseaux locaux du campus (TCP/IP, giga et fast-ethernet commuté).

Configuration et administration système pour les serveurs WWW, de messagerie, de sauvegarde, d'applications et de fichiers des laboratoires de recherche du campus. *Définitions des politiques de sécurité et de sauvegarde. *Programmation système sur serveurs et stations de travail UNIX. *Organisation de l'infrastructure de communication lors d'évènements : colloques internationaux, salon grand public, et conférences. *Formation des utilisateurs aux outils Internet et de communication (doctorants et chercheurs)

Expérience 2
Durée :   2 ans et 11 mois
Poste occupé :   Administrateur Système

Entreprise :   IUT de Cergy Pontoise

▶▶▶

▶▶▶

Administrateur Système et Réseaux – IUT de Cergy Pontoise / Département Informatique. *Administration des réseaux locaux (LAN). *Programmation système sur serveurs UNIX (DIGITAL), sur serveurs PC sous Linux et Windows NT.

FORMATIONS

Formation 1   (la plus récente)
Diplôme :   Ingénieur
École :   École Supérieure d'Informatique et Génie des Télécommunications
Type de formation :   Bac+5

Formation 2
Diplôme :   DUT Génie Electrique et Informatique Industrielle
École :   Université de Cergy Pontoise
Type de formation :   Bac+2

LANGUES

Allemand :   notions

Anglais :   courant

Espagnol :   notions

COMPÉTENCES

Système : UNIX (TRUE64Unix, IRIX, Solaris), Linux (RedHat, Debian), Windows NT/9x,Mac OS. Réseau : Ethernet, TCP/IP, VLAN, Routeurs/Commutateurs (ALCATEL/XYLAN, 3COM, CISCO). Serveurs et protocoles : HTTP (Apache), FTP, Messagerie (SENDMAIL, POP ; IMAP), News (NNTP). Programmation : Shell, Perl, C, HTML,CGI. Sécurité : Firewall, Proxy (Squid)

COMMENTAIRES

Commentaires :

Repenser la gestion des candidatures

Doit-on étendre le traitement des candidatures de façon anonyme aux bases de données constituées par l'entreprise à la suite de précédents recrutements ou issues des démarches spontanées ? Mais alors comment capitaliser et profiter de la relation que l'entreprise a nouée avec les candidats selon des techniques proches du marketing ?

Les problèmes techniques sont ici plus complexes et ne peuvent être résolus qu'au moyen de solutions logicielles sophistiquées.

Cette question peut être étendue à toutes les bases de candidats proposées par les sites emplois. Cadremploi propose le CV anonyme à ses candidats volontaires et techniquement il serait aisé pour cet organisme de le systématiser à toutes les candidatures.

▷ 14. Et vous

Selon vous, quelle est la solution pour professionnaliser davantage l'étape de tri de CV ?

....

....

....

Quelle est votre position personnelle sur l'utilisation du CV anonyme ?

....

....

....

La solution du CV anonyme vous paraît-elle envisageable dans votre entreprise ?

....

....

....

Quatrième étape de la procédure de recrutement : l'entretien et les autres outils d'évaluation

Pour l'entreprise, l'enjeu, lors d'une opération de recrutement consiste à sélectionner le candidat qui est le plus compétent et qui pourra contribuer à la performance de l'entreprise. Le candidat, quant à lui, doit avoir la garantie que sa candidature est traitée au regard de ses talents et avec le maximum d'objectivité. C'est d'ailleurs le sens de la loi du 31 décembre 1992 et de la circulaire du 15 mars 1993. Ces textes encadrent le recrutement afin d'en limiter les excès et d'ouvrir des droits aux candidats. Ils imposent à l'entreprise de garantir que les méthodes d'évaluation ont comme finalité la seule appréciation des capacités, arme principale de la lutte contre les discriminations.

L'appréciation des capacités, seule finalité des méthodes d'évaluation

Il s'agit de garantir que c'est bien la nature de la tâche à accomplir, pour un poste donné, qui dicte le choix des méthodes d'évaluation. En effet, nul ne peut apporter aux droits et aux libertés des personnes des restrictions qui ne seraient pas justifiées par la nature de la tâche à accomplir ni proportionnées au but recherché. L'employeur doit respecter ce principe lors d'un recrutement[1].

Les informations demandées à un candidat à un emploi ne peuvent avoir d'autres finalités que d'apprécier sa capacité à occuper l'emploi proposé ou ses aptitudes professionnelles[2]. L'appréciation de la capacité professionnelle du candidat s'étend à ses compétences, à ses connaissances techniques mais aussi à ses facultés d'adaptation, son aptitude à s'intégrer dans une équipe ou à l'animer, et porte sur les éléments de personnalité permettant d'apprécier ces qualités[3].

Les méthodes d'évaluation doivent être pertinentes

Les informations demandées à un candidat, ayant pour objectif exclusif d'apprécier sa capacité à occuper l'emploi, doivent présenter un lien direct et nécessaire avec celui-ci[4]. Les méthodes doivent être pertinentes au regard de la finalité poursuivie[5]. Cette obligation de pertinence a pour objet d'éviter le recours à des techniques peu fiables de recrutement ou d'évaluation. En effet, si l'utilisation de certaines techniques peut se justifier, dans certains cas, compte tenu du but poursuivi (à titre d'exemple, les tests psychologiques à but clinique), leur utilisation en matière de recrutement ou d'évaluation ne se justifie pas, en principe, car l'outil n'a pas été conçu dans ce but. La circulaire du 15 mars 1993 reconnaît que si la loi n'institue pas un principe de validité scientifique des méthodes employées, elle exige un degré raisonnable de fiabilité. Ainsi, le recours à des techniques présentant une marge d'erreur importante ne serait pas conforme à l'obligation de pertinence imposée par la loi. La protection de la vie extraprofessionnelle des candidats

1. Art. L. 120-2 du code du travail.
2. Art. L. 121-6, al. 1 du code du travail.
3. Circulaire n° 93-10 du 15 mars 1993.
4. Art. L. 121-6, al. 2 du code du travail
5. Art. L. 121-7 al. 2 du code du travail.

s'applique à tous les supports de recherche d'information (tests, questionnaires, logiciels…), mais également aux entretiens individuels.

Portons un regard sur les pratiques réelles !

L'entretien doit être davantage structuré

L'entretien : lieu de discrimination

En février 2005, l'Observatoire des discriminations, fort des premiers résultats du *testing* mené en 2004 sur la sélection des CV, a conduit l'expérience à l'étape suivante du recrutement : l'entretien d'embauche. Les candidats qui se sont présentés aux entretiens étaient des acteurs, choisis de manière à représenter différentes minorités généralement discriminées :

- Un homme blanc de peau de 33 ans (le candidat de référence) ;
- Un homme âgé de 50 ans ;
- Un homme de couleur, originaire des Antilles ;
- Un homme handicapé ;
- Un homme d'apparence obèse ;
- Une femme d'origine maghrébine.

Les six acteurs ont été préparés avec le plus grand soin aux entretiens : entraînement à l'entretien de recrutement, amélioration de l'expression orale, « relookage », optimisation de l'image et de la gestuelle, coaching en cours d'action. À la fin des 44 entretiens passés, les acteurs ont-ils trouvé un emploi, avec des taux de succès équivalents ?

Malheureusement, les résultats de l'expérimentation démontrent que des handicaps sérieux à l'embauche, au moment de l'entretien, interviennent de nouveau pour certaines populations. Les barrages toutefois diffèrent entre la phase de tri de CV et la phase d'entretien en fonction des profils.

Ainsi :

- Le candidat de référence a obtenu un taux de réussite de 92 % ;

- Le candidat handicapé – qui a décroché des entretiens sans difficulté puisqu'il n'avait pas mentionné son handicap – a obtenu un taux de réussite de 47 % : presque deux fois moins que le candidat de référence ; mais il a trouvé sans difficulté un emploi ;

- Le candidat de 50 ans, à l'issue des cinq entretiens qu'il a passés, n'a reçu aucune réponse. C'est seulement après avoir relancé les entreprises au téléphone qu'il a été embauché dans l'une d'elles, soit un taux de réussite de 20 % ;

- La candidate d'origine maghrébine, sur neuf entretiens, a été retenue dans 67 % des cas. Elle a néanmoins rencontré des obstacles au cours de certains entretiens : le recruteur n'est pas venu à l'entretien et n'a jamais rappelé ; on lui a demandé de réaliser une journée à l'essai…

- Le candidat Antillais, sur trois entretiens, a été retenu pour un poste. Le recruteur était lui-même d'origine antillaise.

Quelles sont les leçons à tirer de cette opération de testing en entretien ?

Premièrement, pour certaines minorités la discrimination agit de manière bien plus importante au moment du tri de CV qu'au moment de l'entretien où le candidat peut avoir une chance de défendre ses compétences et de faire tomber les éventuels préjugés du recruteur.

Deuxièmement, les types d'emploi proposés diffèrent selon les candidats : des emplois de moindre qualité sont souvent offerts aux candidats discriminés (rémunération purement variable, stage obligatoire et gratuit, emploi provisoire…). La chance de passer un entretien pour un emploi intéressant est moindre pour les candidats déjà discriminés au stade du CV.

Enfin, l'attitude des employeurs diffère selon le profil des candidats ; les candidats discriminés sont confrontés à des situations que ne connaissent pas les candidats de référence : rendez-vous annulés sans prévenir, attente longue, entretien passé avec une personne non décisionnaire, pas de présentation du recruteur, entretien peu tourné vers le poste et l'expérience du candidat…

Le rôle d'un recruteur, notamment au moment de l'entretien, est d'évaluer les compétences, et rien d'autre. Et le *testing* mené par l'Observatoire des discriminations montre qu'on en est loin. Comment l'entreprise peut-elle développer son efficacité à cette étape sensible de l'évaluation ?

L'entretien : quelle prédiction de la réussite professionnelle ?

Après le dernier tour d'entretiens, une réunion a lieu entre le responsable ressources humaines et l'opérationnel, en vue de départager les deux derniers candidats (un homme et une femme) au poste de chef de produit confirmé. L'opérationnel s'interroge : « *Je suis très indécis, les deux me semblent convenir ; tous les deux font preuve de rigueur, ont de l'expérience, la jeune femme est peut-être un peu plus souriante…* » Le responsable RH réagit vivement : « *Écoute, cette fille me rappelle une personne qui était parmi nous il y a quelques années, tu n'étais pas encore arrivé, mais elle nous a fait subir un enfer. Des personnes comme ça, je n'en veux plus dans notre entreprise.* »

Que des affinités existent entre un hiérarchique et son futur collaborateur, cela est souhaitable, mais est-ce le critère le plus pertinent ? Un candidat n'est pas embauché pour s'entendre avec le responsable des ressources humaines, ni avec son n + 1 ; d'autant plus que dans les grands groupes, si la mobilité fonctionne bien, il y a une forte probabilité pour que le manager ait changé un an ou deux après la prise de fonction du candidat.

Ce n'est pas non plus la seule intuition du recruteur qui peut garantir que le candidat recruté va bien s'entendre avec le reste du service. Souvent, cette intégration procède d'une « alchimie » beaucoup plus complexe, et le temps est nécessaire pour en comprendre la réalité.

Fonctionner uniquement au « feeling », comme se targuent certains recruteurs, est le meilleur moyen d'activer les stéréotypes...

L'irrationnel ne garantit pas la réussite du recrutement, et le recours à des méthodes rationnelles et mesurables peut prendre en compte la dimension affective et la personnalité du candidat, éléments essentiels pour le succès dans un poste.

L'entreprise doit garantir que ses méthodes de recrutement permettent de trouver les bons talents. Malheureusement, celles-ci sont rarement évaluées : lorsqu'un salarié échoue à un poste, c'est l'individu qui est incriminé, ou à la rigueur son manager, mais jamais le processus qui a conduit à son embauche.

Les psychologues du travail retiennent trois critères pour distinguer une bonne méthode d'évaluation

La validité permet de vérifier que l'outil d'évaluation mesure bien ce qu'il est censé mesurer, c'est-à-dire son degré de pertinence par rapport à ce qu'il prédit et qui constitue sa valeur prédictive. Le candidat recruté grâce à l'entretien réussit-il au poste pour lequel il a été recruté ?

La sensibilité ou finesse discriminative d'un outil d'évaluation signifie que celui-ci doit donner des informations qui différencient les candidats entre eux : une méthode d'évaluation où tous les candidats échoueraient ou réussiraient ne serait pas sensible.

La fidélité concerne la stabilité des résultats, et donc le degré de confiance que l'on peut accorder au « score » d'une personne. Les études de fidélité permettent de quantifier la marge d'erreur. Si une personne repasse une épreuve d'évaluation une semaine plus tard, aura-t-elle un score similaire ou le test n'est-il valide que pour un instant t ?

Au regard de ces trois critères, de nombreuses études en psychologie du travail se sont penchées sur la validité des outils d'évaluation couramment utilisés pour sélectionner les candidats. Le psychologue Yves-Marie Beaujouan[1] a repris deux études, l'une menée par Salgado (1999) et l'autre par Schmidt et Hunter (1998). Ces études mesuraient la validité des méthodes d'évaluation. Il ressort que les tests d'aptitudes intellectuelles et les entretiens structurés sont les plus valides.

Aujourd'hui, malheureusement, beaucoup de méthodes utilisées en France sont loin d'être compatibles avec les exigences de qualité que les candidats et les entreprises revendiquent. La graphologie est l'outil dont la valeur prédictive est la plus faible (proche de 0)... Or, elle est encore aujourd'hui utilisée par trois entreprises sur quatre ! De même, trop d'entreprises utilisent l'entretien non structuré. Le fait de ne pas évaluer réellement les compétences engendre un recours plus fréquent aux stéréotypes, et l'illusion les renforce.

Déplorons ce divorce entre les pratiques et la fiabilité des méthodes utilisées. Les recruteurs ne remettent pas en question leurs méthodes, ils ont des habitudes, et elles ne sont pas faciles à déraciner, alors que leur responsabilité est si grande à l'égard des candidats et de la société au sens large !

Préférer l'entretien situationnel

Il existe deux grandes catégories d'entretien :

- L'entretien non structuré, qui varie selon les recruteurs ;
- L'entretien structuré mené à l'aide d'un guide d'entretien, composé d'une liste de questions à poser et, parfois, d'une grille d'évaluation.

---

1. Yves-Marie Beaujouan, « Quel est l'apport des assessmnent centers à l'évaluation des personnes ? » in *RH, les apports de la psychologie du travail*, sous la direction de Claude Levy-Leboyer, Michel Huteau, Claude Louche, Jean-Pierre Rolland, Éditions d'Organisation, Paris 2001.

L'entretien situationnel en est une variante. Il consiste à faire réagir la personne interviewée à des situations construites à l'avance. Il s'appuie sur une analyse du travail préalable et peut utiliser la méthode des « incidents critiques » : le concepteur demande au responsable de se souvenir d'incidents importants (c'est-à-dire, qui jouent un rôle déterminant sur la qualité du travail effectué) au cours desquels les salariés ont eu des comportements efficaces ou pas.

Les incidents critiques servent de support à la conception de situations auxquelles le candidat est confronté lors de l'entretien et qu'il est amené à résoudre. L'intervieweur demande au candidat comment il se comporterait dans les situations décrites. Pour un type de postes commerciaux, par exemple, on repère que la difficulté principale des candidats qui échouent est d'essuyer des refus : ils se découragent, ne supportent pas la frustration. La situation choisie peut donc être : « *Comment réagiriez-vous si un client à qui vous aviez envoyé une proposition commerciale vous annonçait qu'il ne souhaitait pas donner suite ?* » Les candidats sont ensuite évalués selon une fiche de notation ou des échelles, auxquelles se réfèrent des descriptions comportementales. Seules des questions en relation avec le poste sont posées ; les questions plus personnelles sont exclues.

La validité de l'entretien est la plus élevée pour les entretiens structurés. Cette supériorité s'explique par le fait que toutes les questions posées au candidat sont représentatives des situations de travail et que les échelles d'évaluation contribuent à une plus grande objectivité. Hélas, cette technique de l'entretien structuré est très peu utilisée.

Comment améliorer les techniques d'entretien ?

Afin d'améliorer les techniques d'entretien, il est important de :

- Doter les recruteurs de guides d'entretien qui garantissent que les questions ne diffèrent pas selon les candidats et l'intervieweur. Tous les recruteurs d'une même entreprise doivent suivre la même procédure et adopter une grille de lecture identique ;

- Proposer des grilles d'évaluation permettant au recruteur de se centrer sur les compétences et d'éviter les préjugés. Imposer la formalisation de la synthèse d'entretien ;

- Standardiser un maximum l'entretien et l'environnement ;

- Former les évaluateurs : il s'agit pour eux de prendre conscience de leurs biais et de leurs préjugés personnels, notamment par des jeux de rôles, tout autant que d'acquérir les techniques nécessaires (observation, fiches de notation, investigation, structuration de l'entretien) ;

- Disposer d'une bonne connaissance du poste et, surtout, avoir une représentation structurée de ses exigences. Le recruteur doit avoir en tête une représentation claire du candidat idéal et savoir jusqu'où il peut s'en éloigner ;

- Associer à l'entretien d'autres méthodes d'évaluation, telles que les tests ;

- Évaluer les évaluateurs, notamment en gardant la trace des évaluations et en éliminant les recruteurs qui se trompent lourdement ou souvent. La question de leur compétence n'est pas suffisamment posée, et celle-ci devrait être davantage mesurée, compte tenu des conséquences de leurs décisions pour l'entreprise. Leurs capacités d'analyse et leur niveau intellectuel doivent être privilégiés, de même que leur expérience qui aura apporté une connaissance d'un grand nombre de postes.

Entretien :
prendre conscience de certains effets négatifs

L'effet de contraste

Il consiste pour le recruteur à être influencé par la qualité des candidats interviewés qui ont immédiatement précédé le candidat en cours d'évaluation.

L'effet de primauté

La durée de l'entretien n'augmente pas la validité de celui-ci car les décisions des intervieweurs sont prises très tôt au cours de l'entretien. L'intervieweur serait prêt à prendre sa décision après seulement quatre minutes d'entretien. Cette « première impression » joue un rôle important. L'évaluation du candidat aurait tendance à se faire en fonction d'une « représentation personnelle » du sujet qui a réussi, mais aussi d'une « représentation personnelle des impératifs liés au poste ».

L'effet de centration

Il conduit à surestimer l'aspect sur lequel porte l'attention et sous-estimer les autres. C'est ainsi qu'un recruteur accordera une prédominance à telle compétence technique, alors que telle autre sera minorée.

L'effet d'ancrage

Il désigne une attraction des jugements vers des valeurs de référence, en raison d'associations antérieures.

L'effet de halo

Il modifie le contexte en fonction des informations issues du premier élément perçu. Par exemple, un candidat au chômage, à compétences équivalentes, pourra être désavantagé eh raison de l'attribution de

▶▶▶

> ▶▶▶
>
> traits négatifs à sa situation. Une personne souriante et à l'aise sera parfois jugée plus compétente et motivée, alors que ce n'est pas forcément le cas.
>
> **L'effet de négativité**
>
> Il met en avant la tendance à être plus sensible aux défauts d'autrui qu'à ses caractéristiques positives.

Il est donc urgent de sortir de l'illusion qui consiste à considérer l'entretien comme une méthode facile et valide. Les entreprises doivent mener de vastes chantiers pour améliorer les techniques d'entretien et former leurs intervieweurs.

Les questions discriminatoires en entretien

Et bien sûr, se pose le problème... des questions épineuses. Jusqu'où un recruteur a-t-il le droit d'aller dans son enquête pour mieux connaître le candidat ? Et dans quel cas les thèmes abordés sont-ils de nature à engendrer des pratiques discriminatoires ? Y a-t-il des sujets à proscrire ?

Certes, le contenu de la question est de conséquence, mais la posture de l'intervieweur et la logique dans laquelle il se situe sont tout aussi capitales. C'est toute la difficulté de l'exercice, ce double objectif le place sur « le fil du rasoir » : la nécessité de recueillir le maximum d'informations pour mieux connaître le candidat et l'exigence de protéger sa vie privée. Il est urgent que la profession des ressources humaines et des recruteurs définissent de bonnes pratiques en lien avec des juristes, des spécialistes de l'éthique et des psychologues[1].

---

1. L'association *À Compétence Égale* rédige actuellement un guide pour les cabinets de recrutement.

La règle principale est de se concentrer sur des questions en relation avec le poste et les compétences à mettre en œuvre. Ainsi, le recruteur sera moins tenté de poser des questions personnelles ou à caractère discriminatoire. La loi de 1992 et la circulaire du 15 mars 1993 sur le recrutement sont d'ailleurs très explicites à ce sujet : les informations demandées à un candidat ayant pour objectif exclusif d'apprécier sa capacité à occuper l'emploi doivent présenter un lien direct et nécessaire avec celui-ci. La protection de la vie extraprofessionnelle des candidats s'applique à tous les supports de recherche d'information (tests, questionnaires, logiciels…) et également aux entretiens individuels.

Certes, un consultant en recrutement ou un responsable ressources humaines a aussi vocation à conseiller le candidat à la fois en termes de gestion de carrière, d'avantages et de risques que représente le poste proposé. Comment dès lors peut-il adopter cette posture ? La meilleure solution est celle d'une prise de position systématique par rapport au poste. Ainsi, plutôt que de demander au candidat s'il est marié ou si ses enfants sont en bas âge, le recruteur peut poser la question ainsi : « *Le poste comprend un grand nombre de contraintes en termes de déplacements et nécessite d'être absent de son domicile quatre jours par semaine. Êtes-vous certain que cela soit compatible avec votre organisation personnelle, comment comptez-vous vous organiser ?* »

Le recruteur, à trop limiter son champ d'investigation, prend le risque de passer à côté de la richesse de l'individu. Cela est particulièrement sensible pour ce qui concerne la vie extraprofessionnelle du candidat. La solution serait de laisser le candidat conduire cette partie de l'entretien, par exemple en lui posant la question suivante : « *Quelles sont les compétences que vous avez développées ou exprimées dans vos activités extraprofessionnelles ?* »

Il y a bien évidemment des questions totalement interdites :

- Les questions sur la vie religieuse : « *Êtes-vous juif, catholique, musulman ?* »

- Les questions patrimoniales : « *Êtes-vous propriétaire de votre appartement ?* »

- Les questions sur la santé : « *Êtes-vous en bonne santé ?* »

- Les questions sur l'appartenance syndicale ou politique : « *Appartenez-vous à un syndicat... ? Que pensez vous le la politique du gouvernement... ? Avez-vous des mandats électifs... ?* »

- Les questions sur la vie familiale, telles que : « *Êtes-vous marié... ? Avez-vous des enfants ?* » Et, *a fortiori :* « *Comptez-vous vous marier... ? Prévoyez-vous d'avoir des enfants... ?* »

- Les questions sur les activités extraprofessionnelles. Proscrire des questions telles que : « *Quel journal lisez-vous ?* » qui peuvent avoir une connotation politique.

La question de l'âge : elle est difficile à ne pas aborder, et ce critère peut d'ailleurs être contourné par la question du nombre d'années d'expérience qui a une incidence sur la compétence du candidat et la rémunération.

Attention aux questions stéréotypées

Interview de Carole Da Silva, directrice de l'AFIP (association dont la vocation est de promouvoir l'intégration professionnelle des jeunes diplômés issus de l'immigration)[1].

Que pensez-vous d'un recruteur qui, pour détendre le candidat, insiste sur ses dernières vacances au Sénégal ou au Maroc ?
Carole Da Silva : « *Un recruteur peut ne pas avoir le souhait de poser une question malveillante, et pourtant celle-ci pourra prendre un sens très négatif pour les minorités visibles. Mettre en place une poli-*

---

1. Interview par Alain Gavand le 10 avril 2006.

tique de gestion de la diversité nécessite une révision globale des pratiques de recrutement, notamment des entretiens. Cela demande une remise en question personnelle et un travail sur l'évolution des stéréotypes et des représentations afin d'éviter de poser en entretien des questions stéréotypées aux candidats. »

Y a-t-il des questions qui ont été mal vécues et rapportées par les jeunes que vous accompagnez ?

Carole Da Silva : *« Oui, ce sont des questions abordées, sans aucune volonté délibérée de nuire de la part du recruteur mais qui peuvent être destructrices pour le candidat issu de l'immigration qui le vit comme une humiliation. Citons par exemple :*

"Vous habitez le 93, ce n'est pas trop dur ?"

"Vous êtes musulmane ? Mais une vraie musulmane ?"

"Que pensez-vous du voile islamique ?"

"Ça vous fait quoi d'être noir ?"

"Vous me faîtes penser à ma nounou."

"Je vois que vous êtes de nationalité française, vous comptez retourner dans votre pays ?" »

En complément de l'entretien structuré, il est également souhaitable d'utiliser des méthodes d'évaluations complémentaires qui, en plus de leur fiabilité, allégeront les recruteurs de la responsabilité de recruter en vertu de leur seule subjectivité : il s'agit notamment des tests d'aptitude intellectuelle et de personnalité.

▷ 15. Et vous ?

Y a-t-il des questions qui vous ont été posées lors de précédents entretiens d'embauche et que vous considérez comme discriminatoires ?

....

....

....

Et dans votre entreprise, quelles questions est-il d'usage de poser, de ne pas poser ?

....

....

....

Y a-t-il des questions que vous ne poseriez plus en raison de leur caractère discriminatoire ? Si oui, lesquelles ?

....

....

....

Les tests d'aptitudes et de personnalité : outils d'évaluation complémentaires et indispensables

Les tests d'aptitudes et de personnalité sont des aides précieuses car ils contribuent à développer l'objectivité dans le processus de recrutement, et donc à se départir des préjugés, ainsi que des comportements potentiellement discriminatoires.

Qu'appelle-t-on un test ?

La définition du test, communément admise, est celle de Pierre Pichot : « *Le test est une situation expérimentale standardisée servant de stimulus à un comportement. Ce comportement est évalué par une comparaison statistique avec celui d'autres individus placés dans la même situation, permettant ainsi de classer le sujet examiné, soit quantitativement, soit typologiquement.* »[1]

Les tests d'aptitude mentale

Les tests d'aptitude mentale[2] présentent une forte validité prédictive et, même, la plus élevée de toutes les procédures actuellement utilisées en sélection du personnel. Outre leur faible coût, cela fait une bonne raison de les utiliser.

Les tests de personnalité

De même, les tests de personnalité sont reconnus pour leur qualité de prédiction de la réussite professionnelle. Toutefois, il semble que les tests réalisés sur mesure présentent une validité prédictive supérieure

---

1. Pierre Pichot, *Les test mentaux*, PUF, 1954.
2. L'aptitude mentale générale est la capacité d'un individu à apprendre avec rapidité et exactitude une tâche, un sujet et/ou une habileté dans des conditions optimales d'apprentissage. On distingue trois types d'aptitudes mentales spécifiques : les aptitudes psychomotrices, les aptitudes cognitives et les aptitudes perceptives. Seules les principales aptitudes cognitives et perceptives sont évaluées par les tests, c'est-à-dire l'aptitude verbale, l'aptitude numérique, l'aptitude spatiale, l'aptitude mécanique, l'attention sélective, la mémoire, l'aptitude perceptive, voir à ce sujet Jésùs F. Salgado, « Pourquoi faut-il utiliser des épreuves d'aptitudes mentales générales en recrutement ? » in *RH, les apports de la psychologie du travail*, sous la direction de Claude Levy-Leboyer, Michel Huteau, Claude Louche, Jean-Pierre Rolland, Éditions d'Organisation, Paris 2001.

(ne s'agissant pas d'un test standard, les candidats ne peuvent pas prévoir les « bonnes » réponses), notamment lorsqu'ils sont associés à d'autres méthodes valides telles que les tests d'aptitudes.

Exemples de tests d'aptitudes intellectuelles et inventaires de personnalité recommandés

Tests d'aptitudes intellectuelles

Les Progressive Matrices (SPM ou PM 38 et APM ou PM 48)

Auteur : J.-C. Raven, éditeur : ECPA.

Mesure une composante essentielle de l'intelligence, la capacité « inductive » ou intelligence fluide, qui permet l'adaptation à des situations nouvelles et implique la capacité à donner du sens à un ensemble d'éléments, à élaborer des systèmes de pensée principalement non verbaux facilitant le maniement de problèmes complexes.

Niveaux : les Progressive Matrices Standard (SMP) pour le niveau intellectuel intermédiaire et les Progressive Matrices Advanced (APM) pour les cadres et niveaux intellectuels supérieurs.

Le D 2000

Auteurs : Pierre Pichot, d'après Anstey, F. Kourovsky et P. Rennes, éditeur : ECPA.

Mesure l'intelligence générale, indépendante du langage.

Niveaux : adultes.

Le CTA

Auteurs : G. Watson et E.M. Glazer, éditeur : ECPA.

Mesure la pensée critique et évalue le potentiel intellectuel en cernant la capacité à raisonner de façon analytique avec recul et objectivité.

Niveaux : cadres et fonctions pour lesquelles la pensée critique joue un rôle important.

▶▶▶

▶▶▶

Le R 2000

Auteur : P. Rennes (1re version), éditeur : ECPA.

Mesure l'aptitude au raisonnement vue sous l'angle de la flexibilité sur des séries d'éléments verbaux et numériques (« facteur G »).

Niveaux : adultes (étalonnages baccalauréat à Bac + 3 et plus).

Les tests B53 et BLS4

Auteur : R. Bonnardel, éditeur : ECPA.

Mesure un facteur d'intelligence générale à l'aide d'items non verbaux et appréhende le raisonnement inductif qui est une aptitude fondamentale dans les tâches de classification, d'apprentissage, de résolution de problème et de pensée créative.

Niveaux : adultes (Étalonnage pour le BLS4 : lycéens, commerciaux de niveaux Bac, Bac + 2, analystes programmeurs, apprentis, ouvriers ; pour le B53 : candidats apprentis de niveau CAP, BEP, élèves de troisième, élèves ingénieurs de niveau Bac + 2, ingénieurs de niveau Bac + 2, analystes programmeurs, lycéens, apprentis, ouvriers).

Le BV 8

Auteur : R. Bonnardel, éditeur : ECPA.

Mesure l'efficience intellectuelle verbale. Il concerne les processus mentaux reflétant à la fois les opérations de l'intelligence fluide et les effets de l'expérience, des apprentissages et de l'acquisition de connaissances.

Niveaux : adultes (étalonnages de la 4e à la terminale, Bac + 2, Bac + 3 et plus).

Le Dat 5

Auteurs : G.K. Bennett, H.G. Seashore et A.G. Wesman., éditeur : ECPA.

Mesure les aptitudes et est composé de 8 tests : raisonnement verbal ; aptitude numérique ; raisonnement abstrait (ces trois épreuves mesurent les aspects principaux de l'intelligence générale), orthographe et grammaire, travail de bureau (rapidité et exactitude), relations spatiales, raisonnement mécanique.

Niveaux : de la 3e au baccalauréat, enseignement technique et adultes.

▶▶▶

La GAT

Auteurs : P. Smith et C. Whetton, éditeur : ECPA.

Mesure l'aptitude au raisonnement logique et l'aptitude à comprendre et à s'adapter à de nouvelles situations.

Niveaux : 4 (de la terminale à Bac + 2) et 5 (de BEP, CAP jusqu'à la terminale).

Inventaires de personnalité :

L'OPQ (Occupational Personnality Questionary)

Éditeur et auteur : SHL.

Il présente un profil en 32 dimensions, en trois grands domaines : mode de relations, mode de pensée, sentiments et émotions.

Le D5D

Auteurs : Jean-Pierre Rolland et Jean-Luc Mogenet, éditeurs : ECPA.

Est basé sur le modèle des *Big Five* et permet d'obtenir des informations synthétiques sur la personnalité : extraversion/introversion, agréabilité, conscience, ouverture et stabilité émotionnelle.

Le SOSIE

Auteur : conçu par l'éditeur français ECPA et issu du regroupement de trois questionnaires du psychologue américains L.V. Gordon (GPPI, SIV, SPV), éditeur : ECPA.

Permet d'effectuer une évaluation conjointe de la personnalité et du système de valeurs du candidat :

* Neuf traits de personnalité : ascendance, sociabilité, acceptation des autres, stabilité émotionnelle, estime de soi, dynamisme, persévérance, circonspection, curiosité d'esprit ;
* Six valeurs interpersonnelles : considération sociale, liberté d'action, intérêt pour les autres, recherche d'approbation, conformisme, goût du pouvoir ;
* Six valeurs personnelles : matérialisme, implication/décision, organisation/méthode, clarté des objectifs, « challenge » personnel, variété/nouveauté.

▶▶▶

Les 21 dimensions sont regroupées en quatre axes d'interprétation : dimensions personnelles, aspirations, travail et échanges et en quatre styles de management ou de comportement : stabilité et structure, pouvoir et activité, ouverture et contrôle, désintéressement et convictions.

Le Néo Pi-R

Auteurs : P.T. Costa, R.R. McCrae, adaptation française : J.-P. Rolland, éditeur : ECPA.

Inventaire conçu à partir de la théorie des *Big Five* (névrosisme, extraversion, ouverture, agréabilité, conscience) qui permet de positionner le candidat sur chacune de ces cinq dimensions puis, dans un deuxième temps, d'affiner la première analyse avec les résultats apportés par 30 facettes rattachées aux cinq dimensions.

Le 16 PF 5

Auteur : R.B. Cattel., éditeur : OPP.

Décrit la personnalité en 16 facteurs primaires (cordialité/chaleur, raisonnement, stabilité émotionnelle, dominance, vivacité, conscience et respect des conventions, assurance en société, sensibilité, vigilance, imagination/distraction, intériorisation, inquiétude/appréhension, ouverture au changement, autonomie à l'égard du groupe, perfectionnisme, tension) et en 4 facteurs globaux : extraversion, anxiété, dureté/intransigeance, indépendance, contrôle de soi.

Le modèle PerformanSe

Auteur et éditeur PerformanSe.

Le modèle repose sur trois courants : les *Big Five* (qui décrit la personnalité en cinq dimensions : extraversion, rigueur, stabilité émotionnelle, ouverture intellectuelle, réceptivité aux autres), l'étude des motivations, moteurs de l'individu dans l'action, et l'approche systémique et comportementale développée par l'école de Palo Alto.

AlterEgo

Auteurs : G. Vittorio, C. Barbaranelli et L. Borgogni, éditeur : ECPA.

Évalue les traits et facteurs de personnalité issus de la théorie des *Big Five*.

L'*assessment center* : méthode d'évaluation basée sur la recherche des compétences

Qu'est-ce qu'un assessment center ?

L'*assessment center*, ou le bilan comportemental, est une méthode qui place le candidat dans des situations proches du vécu professionnel et analyse sa performance. Il est constitué d'une série de simulations faites sous observation et qui permettent de placer le candidat par anticipation dans la situation professionnelle future, pour laquelle il est évalué.

Cette technique a d'abord été utilisée en Allemagne pendant la Première Guerre mondiale, puis pour le recrutement des agents de services secrets américains et pour la sélection des cadres supérieurs de l'armée britannique pendant la Deuxième Guerre mondiale. Elle s'est répandue dans les pays anglo-saxons après guerre et s'est réellement développée en France dans les années quatre-vingt-dix au sein des cabinets d'évaluation. Plus récemment, elle est utilisée par certaines équipes de l'ANPE, avec la méthode des habiletés. Aujourd'hui, de grandes entreprises comme Airbus, IKEA, PSA, Auchan, ACCOR, Les Chantiers navals de l'Atlantique y ont recours.

Avant sa mise en place auprès des candidats, l'*assessment center* nécessite d'analyser le poste et la situation de travail de manière détaillée, de choisir et définir des critères d'évaluation, d'élaborer des exercices de simulation et, enfin, de former des évaluateurs. Les évaluateurs sont entraînés à l'observation et peuvent être des cadres de l'entreprise, des spécialistes de l'évaluation ou des consultants externes.

Comment se déroule-t-il ?

Pour les candidats, la durée moyenne d'une session d'évaluation est d'une journée.

Une même dimension doit être évaluée au travers de plusieurs exercices :

- Exercices *in basket*, *basket* désignant la corbeille de courrier dans laquelle s'accumulent lettres, rapports et notes de services. Le participant doit répondre à ce courrier dans un temps limité et a toute latitude pour s'organiser et envisager des actions diverses. L'exercice *in tray* consiste à remettre au candidat un dossier comprenant des documents variés relatifs à un problème donné et dont il doit trouver la solution ;

- Recherche d'information : le participant est placé devant un problème sur lequel il possède très peu d'éléments et va devoir se renseigner. Il est invité à poser des questions à un animateur jouant le rôle de « personne informante » ;

- Exposé oral préparé ou improvisé ;

- Travail de groupe avec des objectifs communs ou différents ou conflictuels ;

- Jeux avec des compères : ce sont des jeux de rôles dans lesquels chaque candidat s'entretient successivement avec un interlocuteur (le « compère ») dont le rôle est prédéterminé et aussi identique que possible pour chaque candidat afin que ces derniers se trouvent dans des situations semblables. Citons, par exemple, l'exercice du client furieux, la visite d'un commercial qui doit convaincre un client ou encore l'entretien de recadrage d'un manager avec son subordonné.

Ces exercices sont généralement complétés par des tests et un entretien.

À titre d'exemple, la société IKEA, confrontée à une problématique de recrutement de masse a décidé d'utiliser la méthode de recrutement dite « des habiletés », développée par l'ANPE. Cette méthode comprend à la fois des tests théoriques, des mises en situation pratiques et des entretiens. Elle a permis à l'entreprise de toucher davantage de populations, de recruter des profils qui n'auraient pas été recrutés sur la seule base de l'expérience, et ainsi d'aller vers une plus grande diversité.

Les avantages de la technique de l'*assessment center* se rapportent essentiellement à son niveau élevé de validité et à sa perception positive par les candidats. Ceux-ci ont en effet le sentiment d'être jugés sur leurs compétences professionnelles, dans des situations proches de celles qu'ils rencontrent dans leur travail. Ils ont également la garantie qu'un *feed-back* leur sera assuré, étape importante pour leur permettre de comprendre et d'accepter les décisions de sélection, ainsi que de développer leurs compétences.

Les *assessment centers* mettent délibérément l'accent sur le savoir-faire et le savoir-être des candidats plutôt que sur les critères habituels tels que l'âge, le diplôme et l'expérience. L'objectivité d'une telle méthode contribue à réduire la discrimination dans le processus de sélection.

▷ 16. Et vous ?

Dans votre entreprise, quelles méthodes d'évaluation sont retenues ?

....

....

....

Les jugez-vous efficaces au regard de la qualité des recrutements ? Pensez-vous que les techniques utilisées sont suffisamment objectives et qu'elles permettent un traitement égal de tous les candidats ?

....

....

....

Cinquième étape de la procédure de recrutement : la prise de décision finale

Une fois toutes les étapes de la sélection effectuées, comment le recruteur prend-il sa décision d'embauche sans discriminer ? À ce stade plusieurs recommandations peuvent être effectuées.

Qui décide ?

Il est important que l'arbitrage, c'est-à-dire le choix de la personne qui sera recrutée parmi les derniers candidats en lice, soit effectué par un collège d'intervenants et non par une seule personne. Le fait d'être plusieurs prémunit contre les préjugés d'un seul. Dans l'idéal, nous recommandons un membre du service des ressources humaines, un ou deux opérationnels et peut-être un consultant extérieur qui joue le rôle de miroir.

Il est important que se tienne une réunion effective entre les intéressés, et non pas un simple échange de mails. Car la réunion obligera les protagonistes à argumenter leurs choix. Si, par exemple, l'opérationnel affirme qu'il « *ne sent pas le candidat* », le responsable RH pourra lui faire préciser sa pensée et sortir du flou de l'impression : « *Qu'est-ce qui vous a gêné chez lui ?* » L'impression doit se formuler sous forme d'arguments précis et être contredite si elle n'est pas pertinente.

Une autre solution serait d'opter pour un tiers qui n'a pas rencontré les candidats mais qui, au préalable, aura consulté tous les comptes rendus d'entretiens. Ainsi, lors de la réunion de synthèse avec les évaluateurs qui, eux, auront rencontré les candidats, il pourra se référer exclusivement aux critères de la définition de poste et au contenu explicite des évaluations.

Revenir à l'étape initiale

Il s'agit de revenir à l'analyse du travail effectuée en tout début de processus, lors de la définition de poste. Comment est positionné le candidat par rapport aux critères définis ?

Faire appel à un cabinet extérieur

En cas de doute, ne pas hésiter à faire appel à un cabinet extérieur qui pourra apporter son regard extérieur et son expertise dans l'évaluation, et le recours à des techniques validées, telles que les questionnaires de personnalité, les tests et *assessment centers*. Ces outils viendront conforter ou infirmer la perception et apportent en objectivité. La condition de choix du cabinet de recrutement doit résider dans son expertise en matière d'évaluation et la preuve de sa politique réelle en matière de lutte contre les discriminations. Ces éléments pourront être démontrés par exemple par un label (AFNOR) une certification ISO 9901, des audits externes…

Évaluer les résultats des recrutements

L'évaluation des recrutements, quelques mois après, en comparant les pronostics relatifs aux candidats et les réussites des personnes en poste, permet de conforter les recruteurs et de recenser les dysfonctionnents dans les processus de recrutement.

> ## 17. Et vous ?

Dans votre entreprise, comment est prise la décision finale de retenir tel candidat plutôt qu'un autre ?

....

....

....

Quelles améliorations pourraient être apportées ?

....

....

....

Un constat s'impose : le souci de moindre discrimination apporte plus de rigueur et de professionnalisme dans le recrutement à toutes les étapes du recrutement, en innovant en matière de *sourcing*, en étant plus rigoureux dans la définition de poste et des critères de sélection, et en recourant à des méthodes d'évaluation plus fiables.

Elles auront probablement pour conséquence le développement de l'externalisation de la fonction, à l'instar des autres fonctions comme le marketing, la comptabilité ou l'informatique ou comme cela se fait dans d'autres pays européens.

Compte tenu des enjeux sociétaux et de performance, mais aussi d'un cadre juridique plus contraignant, il est probable que le coût des opérations de recrutement s'accroisse.

Chapitre 10

Quatrième axe : agir en amont et en aval du processus de recrutement

Une politique de lutte contre la discrimination ne se limite pas à l'intérieur du propre périmètre de l'entreprise. L'implication et la formation de tous les acteurs internes et la révision des processus de recrutement (du *sourcing* aux méthodes d'évaluation) sont des progrès immenses. Ces avancées certaines contribueront à créer une entreprise plus ouverte sur la diversité. À tout le moins, le minimum ne serait-il pas de s'attacher à la compétence comme unique critère de sélection et de promouvoir le principe d'égalité et le respect de la loi ?

Pourtant, ces actions, déjà ambitieuses, ne constituent que le volet passif d'une politique d'égalité des chances car l'entreprise peut aller plus loin encore au-devant du destin. Comment imaginer une démarche offensive ? Assurément, par une action en amont et en aval du processus de recrutement. Cela constitue un degré de plus dans l'engagement sociétal d'une entreprise socialement responsable :

• **Agir en amont**, c'est modifier l'offre du marché de l'emploi avant même d'intégrer les futures recrues, en jouant un rôle dans l'éducation et la formation de certaines populations plus particulièrement discriminées ; l'entreprise, par des actions sociétales concrètes, œuvre pour que les candidats soient plus proches de l'emploi, par exemple par des stages d'insertion et de découverte de l'entreprise ;

- **Agir en aval** du recrutement, c'est donner toutes les chances de réussites aux personnes embauchées et jusqu'alors discriminées. Ces actions sont multiples : aménagement des conditions de travail, formation, *mentoring*... La promotion et la gestion des carrières des minorités visibles constituent un des leviers les plus puissants des politiques de discrimination.

Agir en amont : modifier l'offre du marché

Les actions dans les quartiers sensibles

Certaines entreprises implantées dans des zones dites sensibles ont décidé de ne pas occulter la réalité sociale environnante.

Ainsi, l'enseigne de distribution Casino, dont 59 % des hypermarchés et 39 % des supermarchés du groupe sont situés dans ces quartiers, s'est engagée activement dans la politique de la ville au début des années quatre-vingt-dix, à la suite d'une vague d'émeutes dans certaines banlieues. Le groupe constate que la croissance en France ne profite pas à tous, notamment à ceux qui ne disposent pas de compétences.

La démarche est donc axée, en premier lieu, sur la mise en place d'actions préventives, par exemple par le renforcement de l'intégration des magasins dans les territoires urbains d'implantation, grâce à un travail de communication et de partenariat avec tous les acteurs significatifs de ces territoires. En second lieu, la sécurisation et la médiation sur certains sites, grâce au développement d'actions, permettent de retisser le lien social. Il est également proposé une formation et une sensibilisation des personnels concernés du groupe à la connaissance de la problématique des quartiers sensibles, des différentes communautés et des phénomènes de délinquance. Enfin, Casino a souhaité accompagner des projets de revitalisation de centre-ville, des projets d'insertion, d'emplois de proximité, d'accueil de stagiaires en formation (voir encadré).

Casino favorise l'accès à l'emploi
des habitants des quartiers sensibles

Le groupe Casino, par une convention de partenariat signée en 2002 avec le ministère de la Ville, s'est engagé à mettre en œuvre un certain nombre d'actions portant sur le développement économique des quartiers prioritaires où le groupe est implanté et l'accès à l'emploi de leurs habitants.

Il a mené plusieurs chantiers expérimentaux en matière de médiation sociale, de revitalisation de centre-ville ou de quartiers, et de développement de nouveaux gisements d'emplois.

Objectifs :

- Faciliter l'accès de jeunes diplômés issus des quartiers à des fonctions d'encadrement : 250 jeunes de niveau Bac/Bac + 2 ont été recrutés en vue de leur accession, à terme, à une place significative au sein de l'encadrement. Embauchés comme chefs de rayon, certains d'entre eux pourront devenir directeurs de magasins. Alors, demain, ces « jeunes talents » issus de l'immigration recruteront à leur tour dans les quartiers prioritaires ;

- Renforcer l'insertion professionnelle des résidents de faible niveau de qualification : lors d'implantations nouvelles, un pourcentage significatif du recrutement (20 à 30 %) est réservé aux habitants des quartiers. Cette démarche est effectuée avec l'ensemble des acteurs de l'emploi des villes (notamment l'ANPE et la mairie), en fonction de caractéristiques et des besoins des demandeurs d'emploi des quartiers concernés.

Dans le même esprit, Schneider Electric, très engagé en matière de responsabilité sociale a souhaité mener une action auprès d'un des bassins d'emplois où le groupe était implanté près de Chalon-sur-Saône. En novembre 2004, la société a conclu un partenariat durable entre les entreprises de ce bassin d'emploi, les élus et les services concernés de l'État, pour favoriser l'emploi de jeunes chômeurs d'un quartier défavorisé de Chalon-sur-Saône (voir encadré).

Schneider Electric et l'opération « 100 chances pour 100 emplois »[1].
Une action pour favoriser l'emploi de jeunes chômeurs d'un quartier en difficulté[2]

Objectif

Conduire 100 jeunes à l'emploi à l'issue d'un parcours adapté de resocialisation et de formation.

Processus d'accompagnement des jeunes

Il a été réalisé par le PLIE (Plan local pour l'insertion et l'emploi) et porté par la mission locale et Schneider Electric, au travers de sa filiale SF Gardy implantée à Champforgeuil. L'entreprise a animé un réseau d'entreprises partenaires représentatives de tous les secteurs d'activité ; les autres acteurs (ANPE, DDTE, régie de quartier) étant coordonnés par la mission locale.

Les méthodes utilisées ont été, dans un premier temps, la constitution d'un premier groupe test de 20 jeunes sélectionnés en fonction de leurs capacités et motivations ; il leur a été proposé un bilan de compétences, et leurs motivations ont été approfondies, préalablement à la construction d'un parcours vers l'emploi.

L'accompagnement du parcours par les entreprises s'est illustré par :
* Des outils, tels que l'aide à l'orientation ;
* Des parrainages et témoignages ;

---

1. Interview de Marc Ghosn, directeur des ressources humaines, et de Stéphane Poittevin, directeur de SF Gardy, par Alain Gavand le 19 avril 2006.
2. Taux de chômage supérieur à 25 %.

- Des visites d'usines ;
- Des stages ;
- Des missions en alternance ;
- Des soutiens à des structures alors baptisées « sas de resocialisation » par le biais de fondations ;
- La construction d'un « jardin d'insertion », en lien avec la régie du quartier, a été un élément déterminant pour prendre les jeunes « là où ils étaient » et les faire progresser.

Résultats

Le retour à l'emploi de ces jeunes doit se réaliser au sein des entreprises partenaires ou en s'appuyant sur les réseaux d'influence. Cette expérience a permis à quelques jeunes de définir ou conforter leur projet professionnel et de s'orienter vers les formations adéquates ; mais également de se faire connaître par les entreprises du réseau.

Les résultats en termes de concrétisation d'emploi, s'ils ne sont pas évidents, ne pourront se juger que sur une période un peu plus longue.

Les premières leçons qui en ont été tirées sont :

- En premier lieu, le réel fossé existant entre bon nombre de ces jeunes et les exigences du monde de l'entreprise ;
- Ensuite, le fait qu'au-delà des compétences qu'ils ont ou qu'ils peuvent acquérir, les aspects comportementaux constituent les principales difficultés rencontrées ;
- Enfin, que les jeunes qui s'en sortent le mieux sont bien ceux qui en ont la volonté et font preuve de stabilité et de persévérance sans « zapper » d'un projet à l'autre.

Le réseau d'entreprises continue à se réunir et à proposer des terrains d'accueil afin de développer son action.

Le jardin d'insertion a, quant à lui, recruté une douzaine de jardiniers dont deux l'ont déjà quitté pour un CDI...

Enfin, cette expérience a été reproduite dans d'autres entités du groupe Schneider Electric, notamment à Grenoble.

Ces actions engagées par les entreprises elles-mêmes ne servent pas exclusivement leurs intérêts ou leurs propres besoins. Elles contribuent à améliorer l'offre de compétences sur le marché de l'emploi et elles décloisonnent l'entreprise et son environnement. Elles tendent à abaisser les barrières entre les minorités et la « majorité », entre les quartiers sensibles et les « beaux quartiers ». En cela, elles ne sont pas source d'enrichissement uniquement pour les seules entreprises et les seuls publics visés.

▷ *18. Et vous ?*

Dans votre entreprise, pensez-vous que ce type d'actions pourrait être mis en place ? Auprès de quel type de population ? Seriez-vous prêt à vous y impliquer ?

....

....

....

Faciliter l'accès aux stages

Pour un jeune issu de l'immigration, la difficulté d'accès aux stages est évidente, c'est pourtant le sésame qui facilitera l'insertion professionnelle.

Fort de ce constat, l'association Alliances[1], qui regroupe 120 entreprises dont l'objectif est d'accompagner les entreprises pour qu'elles améliorent leurs performances dans une logique de responsabilité sociale et

---

1. www.alliances-asso.org.

environnementale, a pris une initiative intéressante. Favorable à plus de diversité sociologique, l'association a organisé un forum en mars 2006 destiné aux étudiants (Bac + 4) d'origine étrangère. Quarante-trois entreprises ont ainsi proposé 340 stages à 500 visiteurs.

D'autres initiatives devront être prises de la part des entreprises car le stage contribue à rendre plus employables ceux qui sont traditionnellement exclus du monde du travail. Les politiques de recrutement des stagiaires devront obéir aux mêmes règles d'ouverture à la diversité que pour celles des recrutements effectués dans le cadre de contrats de travail (*sourcing*, sélection…).

19. Et vous ?

Dans votre entreprise, estimez-vous que le recrutement des stagiaires soit suffisamment diversifié ?

....

....

....

Agir en aval : former les personnes susceptibles d'être discriminées et adapter leur poste de travail

Former les personnes habituellement discriminées

Une fois que l'entreprise s'est donné les moyens, au niveau du processus de recrutement, de garantir l'égalité de traitement de tous les candidats, la question se pose de savoir si « la greffe va prendre naturel-

lement ». La direction doit-elle accompagner les personnes généralement discriminées ?

Cette question mérite d'être posée. Pour Carole Da Silva, directrice de
l'AFIP, qui accompagne des diplômés issus des minorités visibles dans
leur recherche d'emploi, les actions doivent avant tout être menées en
amont de la recherche d'emploi. Accompagner les personnes issues des
minorités visibles, après leur embauche, reviendrait à les stigmatiser. Si
un accompagnement est à envisager, il n'est pas plus nécessaire que
pour d'autres salariés.

La réponse n'est certainement pas la même selon le niveau de qualification des demandeurs d'emploi et selon leur employabilité immédiate.

Former des jeunes issus des quartiers en contrat de qualification

Des entreprises ont pris des initiatives innovantes en matières de formation de jeunes issus des « quartiers ».

Le challenge de l'entreprise Noos fut de recruter, puis de former des
jeunes « représentatifs de la population d'Ile-de-France » ne correspondant pas aux critères classiques de recrutement. Ces jeunes ont été
sélectionnés par la méthode de l'*assessment center*[1], sur la base de leur
potentiel et de leur motivation (adaptabilité, énergie, écoute/empathie
et sociabilité). Le manque de diplôme ou d'expérience n'était pas élimi-
natoire, à la différence du manque de motivation (voir encadré).

---

1. Voir chapitre 9.

École de ventes Noos

Objectif :

- Intégrer et former 30 jeunes « conseillers client » représentatifs de la population d'Ile-de-France dans le programme École de vente NOOS ;
- Leur proposer un contrat de qualification (12 mois) en alternance (50 % du temps en entreprise et 50 % au CFA), avec un programme de 624 heures de formation.

Le parcours d'intégration proposé est le suivant :

- Chaque jeune est parrainé par un binôme cadre/membre du comité de direction ;
- Un plan de communication interne explique à tous les collaborateurs l'arrivée de la première promotion de l'École de vente ;
- Les grands services de l'entreprise présentent leurs missions, savoir-faire et objectifs lors d'une semaine d'intégration ;
- Des tuteurs (managers) spécialement formés accompagnent individuellement la progression de « leur » jeune ;
- Un manager se consacre au programme École de vente (relations avec l'organisme de formation, plan de formation...).

Des résultats prometteurs

Les performances commerciales ont été supérieures aux attentes, et l'arrivée des jeunes a permis d'élever le niveau d'exigence professionnelle des managers vis-à-vis d'eux-mêmes et de leurs équipes commerciales :

- Les jeunes ont réalisé une performance deux fois supérieure à celle du prestataire commercial habituel de Noos avec ses propres démonstrateurs ;
- Les jeunes avaient une meilleure connaissance que les autres conseillers des offres et services Noos, des promotions associées et des offres des concurrents ;

▶▶▶

▶▶▶

- Sur 24 des 30 collaborateurs intégrés en octobre 2003 au sein du programme École de vente Noos (4 ont démissionné en cours, 2 jeunes sont en congés maternité), 13 jeunes se sont vu proposer une embauche en octobre 2004 dans les boutiques Noos et 3 au service client. Une nouvelle promotion de l'École de vente (12 à 15 jeunes en contrat de qualification) a été lancée en octobre 2004.

Ces actions illustrent que l'entreprise peut faire preuve de citoyenneté en retirant un bénéfice non négligeable de compétitivité. Néanmoins, rendre opérationnel des jeunes dont le potentiel n'avait pas encore été révélé nécessite pour l'entreprise de s'en donner les moyens.

Des formations comportementales pour les intérimaires issus des banlieues

Depuis 2002, les agences de travail temporaire ADIA de l'Est lyonnais on décidé de proposer des formations comportementales à certains de leurs intérimaires issus des banlieues difficiles.

En effet, les entreprises qui emploient ces jeunes gens comme manutentionnaires ou transporteurs ne se concentrent pas sur le critère de la formation mais bien davantage sur celui du comportement. Les problèmes évoqués par les responsables de ces agences sont, par exemple, des retards, des tenues de travail inadaptées ou des manières de s'adresser au chef comme à un copain. L'acceptation de l'autorité et des critiques vis-à-vis du travail peut également s'avérer problématique. Ces comportements peuvent mener à une rupture anticipée du contrat de travail.

Pour réduire le décalage avec les attentes des employeurs, pourtant très demandeurs de main-d'œuvre, ADIA a mis en œuvre des formations complémentaires. Elles durent cinq jours et consistent en des jeux de rôles. Se mettre à la place du chef permet aux jeunes de comprendre que le vrai patron, c'est le client. Cette formation, à visée responsabilisante, a été étendue à plusieurs sites de banlieue : les bénéficiaires acceptent plus facilement les remarques de leur patron, et la plupart s'intègrent peu à peu dans le monde de l'entreprise.

Le mentoring

Au-delà de la formation « métier » et de l'acquisition des savoir-faire, l'accompagnement en matière de savoir-être pour certains salariés pourrait être utile à la plupart des nouveaux collaborateurs. Le *mentoring* serait-il aussi une solution pour la progression des personnes issues des minorités visibles ? C'est l'opinion de Lawrence A. Weinbach, tout jeune retraité de la présidence d'Unysis, et qui, au cours de son mandat, a contribué à faire progresser la situation des femmes dans son groupe. Il a en effet mis en place une politique de gestion des carrières dont la priorité est basée sur la diversité des profils (âge, sexe, situation de famille...), en accordant aux femmes des opportunités équivalentes à celles des hommes. Il n'était pas question de faire de la discrimination positive ou d'instituer des quotas imposant un nombre minimum de femmes dans certaines fonctions. Mais, à son arrivée en 1997, il n'y avait pas une seule femme au *Management Board*, alors qu'elles sont aujourd'hui 5 sur un total de 14 membres.

Selon lui, une femme aura plus facilement accès à un poste à responsabilités dans sa société si elle est guidée par un « mentor » qui croit en elle. Le *mentoring* permet en quelque sorte de faire un coaching en interne, en apportant le décodage des us et coutumes de l'entreprise, à la différence d'un coach externe.

Pour le groupe de conseil en organisation Cap Gemini, le mentor est une institution : chaque nouveau recruté s'en voit designer un, qui lui transmet les codes sociaux, l'aide à se débrouiller de situations politiques difficiles...

Ce type de suivi, déjà précieux pour de jeunes diplômés « intégrés », le serait d'autant plus pour des minorités visibles, et notamment certains jeunes issus de l'immigration qui en auraient besoin et auxquels pourraient être enseignés la manière de s'adresser aux clients, collègues et supérieurs, les *dress codes*, etc.

20. Et vous ?

Que pensez-vous du mentoring *pour aider les personnes susceptibles d'être discriminées ? Seriez-vous intéressé par une implication dans ce type de démarches ?*

....

....

....

Aménager le poste et les conditions de travail

Le dirigeant, ou le manager, animé par une réelle volonté d'écarter toute discrimination dans son processus de recrutement pourra objecter :

- « *J'ai reçu la candidature d'une personne handicapée très pointue et je souhaite l'embaucher. Cela nécessite-t-il un aménagement de son poste de travail ? Car mes locaux ne lui permettent pas l'accès.* »

- « *J'ai reçu une candidate qui a toutes les compétences pour occuper le poste, mais est-ce que cette femme de 30 ans pourra gérer la garde de ses jeunes enfants, notamment lors de ses fréquents déplacements ?* »

- « *Ce directeur qualité de 53 ans apporterait beaucoup à mon entreprise, mais le fait qu'il m'ait parlé de son engagement au sein de sa commune m'inquiète car je n'ai pas perçu sa disponibilité. À la fin de l'entretien, il m'a fait savoir qu'il n'était pas contre un emploi à temps partiel. »*

Ces besoins et contraintes des candidats ne remettent pas en cause la compétence des collaborateurs, mais bien plus la capacité d'ajustement de l'entreprise aux problématiques spécifiques induites par l'introduction d'une plus grande diversité. Leur reconnaissance par l'employeur est une condition essentielle pour assurer un recrutement efficace et durable.

Faciliter l'insertion d'un travailleur handicapé

Certaines personnes handicapées ont besoin de formations spécifiques ou d'aménagements de poste. Pour cela, il est nécessaire d'identifier et de mettre en œuvre les solutions qui permettront de compenser les situations de handicap.

Les aides de l'AGEFIPH[1]

L'AGEFIPH propose plusieurs aides :

- **L'aide à l'accessibilité des situations de travail** : elle permet de compenser la situation de handicap de la personne en aménageant son poste, son outil de travail, ou en adaptant l'organisation du travail du salarié ou de l'équipe ;

- **Le recours à un tuteur, interne ou externe à l'entreprise**, pour préparer et assurer l'intégration d'un salarié handicapé à son poste ou le suivi d'un stagiaire pendant sa formation ;

- **L'aide à l'apprentissage** : cette aide permet de faciliter l'accès à l'entreprise des jeunes handicapés (moins de 30 ans) par la voie de l'apprentissage ;

---

1. « www.agefiph.asso.fr ».

▶▶▶

- **L'aide à la mobilité** : elle permet de faciliter l'intégration professionnelle des personnes handicapées en compensant leur handicap lors des déplacements (transport adapté, prise en charge du
permis de conduire, participation à l'achat d'un véhicule, aménagement d'un véhicule, participation aux frais d'hébergement si le
handicap est incompatible avec des déplacements, participation
aux frais de déménagement) ;
- **Les aides techniques et humaines :**
  - Les aides techniques permettent aux personnes handicapées de
compenser leur handicap dans les situations professionnelles
grâce à des aides individuelles techniques (participation à
l'acquisition d'aides techniques ou de matériel) ;
  - Les aides humaines comprennent la participation au coût des
aides humaines à la communication (interprètes en langue des
signes, interfaces de communication, codeurs Langage parlé
complété, transcripteurs... participation au coût de l'accompagnement par des auxiliaires professionnels) ;
- **Les aides au contrat de professionnalisation** afin de faciliter
l'accès des personnes handicapées à l'entreprise par le contrat de
professionnalisation.

D'autres aménagements

D'autres actions sont également possibles en fonction des populations
visées lors des recrutements externes.

Pour les femmes, dans certaines situations pourront être envisagés des
aménagements d'horaires à une certaine période de leur vie. Ainsi, une
entreprise, dont la majorité de collaborateurs est constituée d'auditeurs
en déplacement dans toute la France et qui connaît des difficultés de
recrutement, gagnerait à remettre en question son offre auprès des candidats. Elle pourrait proposer des contrats de travail à temps partiel,
afin d'attirer davantage de femmes. Ces dernières, en effet, ont tendance à refuser une opportunité dans cette entreprise en raison des
déplacements du lundi au vendredi, souvent incompatibles avec les

contraintes familiales. Pour cela, l'entreprise sera amenée à revoir son organisation interne, notamment en termes de planification des interventions chez ses clients.

Pour les seniors, pourront être envisagés des aménagements du poste de travail et une réflexion sur le caractère ascensionnel des carrières. De même, l'évolution des rémunérations devra être étudiée sous un autre angle.

Agir sur la mobilité et la promotion interne

Les entreprises ne peuvent déplorer la pénurie de candidats (issus de l'immigration, femmes…) à des niveaux élevés de la hiérarchie sans s'interroger sur leurs propres stratégies de promotion interne. Si elles bloquent la promotion et l'évolution de leurs propres salariés issus des minorités et les cantonnent à des postes de moindre responsabilité, comment s'étonner de leur sentiment de frustration ? Si elles ne rémunèrent pas assez ou ne forment pas suffisamment ces populations généralement discriminées, si elles se refusent à investir, à parier sur leur avenir, ne faut-il pas craindre une forme de résignation de la part des étudiants qui, malgré leur bagage scolaire, ne pourront franchir « le plafond de verre » ?

Un politique de promotion interne et de gestion des carrières est un des axes d'amélioration majeurs de la fonction ressources humaines, si l'on veut ouvrir l'entreprise sur la diversité. La direction et les services RH doivent se poser plusieurs questions :

- Comment sont identifiés les compétences et les potentiels dans l'entreprise, et plus particulièrement pour les minorités visibles ? La gestion des carrières garantit-elle bien l'égalité des chances ?

- La formation est-elle dispensée en fonction des compétences et des motivations ?

- Les managers risquent-ils de favoriser volontairement ou non certains profils, provenant par exemple de la même école qu'eux (ce qui constituerait une forme de cooptation interne) ?

La seule progression des politiques de recrutement serait donc vaine si elle n'était pas étroitement associée à une telle démarche.

▷ 21. Et vous ?

Dans votre entreprise, quels sont les efforts réalisés pour aménager les postes de travail à certaines populations susceptibles d'être discriminées ? Selon vous, quels sont ceux qu'il serait possible d'envisager ?

....

....

....

Dans votre entreprise, pensez-vous qu'un traitement égal soit assuré en matière de promotion pour tous, et notamment pour les femmes, les personnes handicapées, les personnes issues de l'immigration ?

....

....

....

Chapitre 11

Cinquième axe : « rendre compte » de sa politique diversité et de ses résultats

En 2004, les entreprises françaises ont pris conscience de la réalité de la discrimination à l'embauche, tandis qu'en 2005, leurs engagements sont devenus significatifs en matière de politique diversité ou de lutte contre la discrimination. L'heure est, aujourd'hui, à l'analyse des effets de ces engagements. En effet, la crédibilité même de telles démarches tient à l'assurance qu'elles produisent des résultats concrets.

Pourquoi « rendre compte » de sa politique diversité ?

Se rendre compte pour progresser

Le principe même d'une politique diversité est de s'inscrire dans un processus d'amélioration car la société, et, par voie de conséquence, l'entreprise, accuse un retard en matière d'égalité des chances. La direction doit également s'assurer que la stratégie est bien appliquée et qu'elle assume les enseignements des actions réalisées. Ainsi, l'analyse des résultats et des engagements en matière de diversité est nécessaire à l'entreprise pour *se rendre compte* et progresser. Pour cela, les outils de mesure à usage interne ainsi que les audits lui seront profitables.

Les parties prenantes ont droit à l'information

Il est légitime que les parties prenantes (candidats, société civile...) aient accès à une information qui les concerne au premier plan. En effet, les pratiques de recrutements produisent bien des effets sur l'environnement social et sociétal de l'entreprise. Celles-ci favorisent-elles l'intégration des populations dans son territoire ou, au contraire, les aggravent-elles ? Comprenons donc que ces tiers réclament la transparence de ces processus, au même titre que l'entreprise doit rendre compte des conséquences de son activité sur l'environnement naturel. Pourtant, un problème se pose : la représentation du candidat et la garantie de ses droits. Certes, ceux-ci sont pris en considération par le législateur et sont défendus par les délégués du personnel qui ont un droit d'alerte en cas de discrimination ; de même, l'inspecteur du travail est investi du pouvoir de contrôle, et la Haute Autorité de lutte contre les discriminations (HALDE) peut être saisie par les victimes ; enfin, la victime et, éventuellement, les associations de lutte contre le racisme peuvent ester en justice. Il n'y a cependant pas d'instance représentative des candidats, en tant que telle, qui pourrait traiter leurs réclamations et constituer une force de proposition pour les pratiques de recrutement en France.

La diversité est, pour l'entreprise, une richesse et une source de performance. Une politique inverse apparaîtra comme un risque de la part d'un opérateur financier, qui pourra reprocher à l'entreprise de ne pas se donner toutes les chances de la performance. De surcroît, si celui-ci opère dans une démarche d'« investissement socialement responsable », les choix de l'entreprise insuffisamment avancés à cet égard seront éventuellement sanctionnés. Encore faut-il que l'entreprise se soit donné les moyens de mettre en lumière sa politique à ce sujet !

Nous pouvons également imaginer que des donneurs d'ordre engagés dans la diversité souhaiteront obtenir une information précise et objective de la part de leurs fournisseurs.

Par ailleurs, un procès pour discrimination serait de nature à dissuader un opérateur financier. Plutôt que d'éluder le risque juridique et de réputation, l'entreprise a donc tout intérêt à le reconnaître, afin de le maîtriser.

Loin de constituer un aveu de faiblesse, cette démarche démontrera que la direction assume ses responsabilités et qu'elle se donne les moyens de progresser.

La notation extra-financière

Si l'entreprise n'est pas active dans l'analyse de ses propres pratiques en matière de recrutement et de discrimination, elle pourra être devancée par des acteurs externes qui effectueront l'analyse pour le compte des investisseurs en quête d'informations extra-financières, à savoir les données sociales, environnementales ou sociétales.

Créées à la fin des années quatre-vingt-dix, les agences de notation extra-financière évaluent et notent la politique de responsabilité sociale et environnementale ainsi que de gouvernance des entreprises pour le compte des opérateurs financiers et des investisseurs. Aujourd'hui, ce secteur compte une trentaine d'acteurs, localisés en Europe, en Amérique du Nord et en Asie. Ces agences travaillent à partir d'analyses des documents publics, de questionnaires spécifiques et de rencontres avec des responsables d'entreprises.

L'analyse extra-financière évalue les engagements, les politiques mises en œuvre et les performances de l'entreprise dans les domaines sociaux, environnementaux et de gouvernance, liés à ses activités. À la différence de la notation « sollicitée » et à destination de la direction, la notation « déclarative » s'adresse aux investisseurs, afin de leur permettre de sélectionner les entreprises selon des critères socialement responsables. Citons, par exemple, en France, les agences Vigeo et Innovest. Parmi les données étudiées, figure la politique de non-discrimination.

Les obligations légales de l'entreprise en matière de diversité

Le champ du *reporting* s'inscrit dans un cadre juridique obligatoire puisqu'il existe un certain nombre d'informations que l'entreprise doit déclarer. Citons le bilan social, le recueil des informations relatives à l'égalité homme/femme et aux personnes handicapées, ou encore le rapport relatif à la loi NRE.

Le bilan social

Le bilan social récapitule les principales données chiffrées qui permettent d'apprécier la situation de l'entreprise dans le domaine social, d'enregistrer les réalisations et de mesurer les changements intervenus au cours de l'année écoulée et des deux années précédentes. Sont assujetties à cette mesure, les entreprises comptant au moins 300 salariés, soumises à l'obligation d'instituer un comité d'entreprise. L'élaboration du bilan social incombe au chef d'entreprise et sa non-présentation constitue un délit d'entrave engageant sa responsabilité pénale.

Le document est diffusé aux délégués syndicaux, au comité d'entreprise, à l'inspecteur du travail, à l'actionnaire et il est mis à disposition des salariés.

Le contenu du bilan social comprend les informations relatives :

- À l'emploi ;
- À la rémunération ;
- Aux conditions d'hygiène et de sécurité ;
- Aux conditions de travail (durée, organisation, conditions physiques du travail) ;
- À la formation ;
- Aux relations professionnelles ;

- Aux conditions de vie des salariés et de leur famille, dans la mesure où ces conditions dépendent de l'entreprise.

La liste de ces informations et des 134 indicateurs est fixée par décret en Conseil d'État[1].

La loi sur l'égalité homme/femme

En parallèle du bilan social, le législateur a prévu un document spécifique relatif à l'égalité homme/femme. Ce rapport annuel doit être remis au comité d'entreprise ou aux délégués du personnel dans les entreprises d'au moins 50 salariés.

Chaque année, le chef d'entreprise soumet, pour avis, au comité d'entreprise ou, à défaut, aux délégués du personnel, un rapport écrit permettant d'apprécier la situation comparée des hommes et des femmes de l'entreprise en matière d'emploi[2].

Ce rapport comporte une analyse sur la base d'indicateurs pertinents reposant notamment sur :

- Des données chiffrées permettant de mesurer les écarts ;

- Des données explicatives sur les évolutions constatées ou à prévoir, le cas échéant ;

- Des données éventuelles tenant compte de la situation particulière de l'entreprise, affichées dans l'entreprise, afin que les salariés en aient connaissance ;

- Les mesures adoptées au cours de l'année écoulée afin d'assurer l'égalité professionnelle, les objectifs prévus pour l'année à venir et la définition des actions à mener ; éventuellement, le rapport d'actions non réalisées et les motifs de cette inexécution.

---

1. Art. R. 438-1 et L. 438-4 du code du travail.
2. Art. L. 432-3-1 du code du travail.

Les données chiffrées font l'objet d'une analyse selon le sexe, domaine par domaine :

- Effectifs : répartition par catégorie professionnelle selon les différents contrats de travail, pyramide des âges par catégorie professionnelle ;

- Durée et organisation du travail : répartition des effectifs selon la durée du travail (temps complet, temps partiel > à 50 % ou < ou égal à 50 %), répartition des effectifs selon l'organisation du travail (travail posté, travail de nuit, horaires variables, travail atypique dont travail durant le week-end…) ;

- Rémunération : éventail des salaires, rémunération moyenne mensuelle, nombre de femmes dans les dix plus hautes rémunérations ;

- Conditions de travail : répartition par poste de travail selon l'exposition à des risques professionnels et selon la pénibilité (caractère répétitif des tâches…).

Le rapport est éventuellement modifié pour tenir compte de l'avis motivé des représentants du personnel, puis il est communiqué à l'inspecteur du travail. Tout salarié peut consulter ce rapport.

Chaque année, l'employeur doit engager une négociation sur les objectifs en matière d'égalité professionnelle entre les femmes et les hommes dans l'entreprise et sur les mesures permettant d'atteindre ces objectifs. Cette négociation a lieu tous les 3 ans lorsqu'un accord collectif, comportant de tels objectifs et mesures, a été signé dans l'entreprise.

Dans les entreprises comptant au moins 200 salariés, le comité d'entreprise doit constituer une commission de l'égalité professionnelle, notamment chargée de préparer les délibérations, relatives au rapport annuel portant sur l'égalité professionnelle entre les hommes et les femmes. Dans les entreprises de moins de 300 salariés, le rapport annuel sur la situation comparée des femmes et des hommes est inclus dans le rapport annuel unique.

Les déclarations relatives aux travailleurs handicapés

L'obligation d'emploi des travailleurs handicapés fait l'objet d'une déclaration annuelle obligatoire que l'employeur adresse à la direction départementale du travail, de l'emploi et de la formation professionnelle (DDTEFP)[1].

Le rapport NRE

Enfin, la loi sur les nouvelles régulations économiques[2] demande aux entreprises cotées de droit français de fournir des informations sociales et environnementales dans leurs rapports annuels[3]. Les entreprises concernées sont au nombre d'environ 700, c'est-à-dire toutes les entreprises cotées, dont les titres sont « admis aux négociations sur un marché réglementé » en France. Un décret d'application énumère les critères sociaux et environnementaux, d'ordre qualitatif et quantitatif, qui doivent être renseignés. Il détaille la liste des informations qui doivent être fournies[4]. Dans le premier groupe, qui concerne les données sociales internes (effectifs, formation, hygiène, sécurité, parité, handicapés, etc.), seuls sont mentionnés les thèmes de l'égalité professionnelle entre les femmes et les hommes, l'emploi et celui de l'insertion des travailleurs handicapés. Notons que la vérification de la sincérité et de la concordance des informations n'est pas obligatoire.

Au-delà des obligations juridiques, l'entreprise peut s'engager à rendre compte des données en matière de responsabilité sociale ou de développement durable ou, plus spécifiquement, sur les questions de diversité. Cette démarche encore nouvelle est innovante, et toute ini-

---

1. Les obligations déclaratives des employeurs sont précisées par les articles R. 323-9 à R. 323-11 du code du travail.
2. Loi n° 2001-420 du 15 mai 2001.
3. Art. 116.
4. Décret n° 2002-221 du 20 février 2002.

tiative contribue à définir les prochains standards des pratiques des entreprises, mais également à anticiper de futures contraintes imposées par les marchés (donneurs d'ordres) ou le législateur.

Ainsi, l'entreprise dispose de beaucoup d'informations relatives à ses ressources humaines et peut comparer une multitude de données en fonction de critères homme/femme, handicap, âge. Elle ne peut en revanche établir de catégories ethniques et raciales.

« Rendre compte » dans son rapport annuel

Seulement 15 % des entreprises du CAC 40 communiquent de façon satisfaisante sur la diversité dans leur rapport annuel

Les entreprises, signataires de la Charte de la diversité dans l'entreprise[1] s'engagent, à « *inclure dans le rapport annuel un chapitre descriptif de leur engagement de non-discrimination et de diversité : actions mises en œuvre, pratiques et résultats* ».

Cet engagement est loin d'être tenu par les entreprises françaises. Une étude de Novethic en décembre 2005[2] révèle en effet que seulement 6 des entreprises du CAC 40 communiquent de manière satisfaisante sur leur politique de non-discrimination :

- Total ;
- Peugeot ;
- Crédit Agricole ;

---

1. Voir chapitre 4.
2. « À la recherche de la diversité dans les rapports du CAC 40, diversité et non-discrimination dans le reporting développement durable des entreprises du CAC 40 », Novethic Études, décembre 2005.

- Renault ;
- Accor ;
- France Télécom.

La qualité du *reporting* est bien meilleure pour les 18 entreprises du CAC 40 signataires de la Charte de la diversité. Parmi les 10 meilleurs *reporting* du CAC 40, 7 émanent de signataires de la Charte de la diversité.

Rapport annuel et diversité : un niveau d'information insuffisant

En effet, les rapports annuels ont été analysés en ce qui concerne le *reporting* relatif aux discriminations liées au sexe, à l'âge, à l'origine ethnique et au handicap. Selon une grille construite par l'organisme d'étude et à partir des référentiels français et étrangers (norme, lois, conventions, chartes…), la qualité du *reporting* est globalement faible : seules 41 % des informations attendues sont présentes. C'est le pourcentage réduit d'informations fournies sur l'origine ethnique des salariés qui tire les résultats vers le bas, puisque les rapports annuels ne comprennent que 27 % des informations attendues en ce qui concerne l'origine ethnique. L'interdiction de répertorier les salariés en fonction de leur origine ethnique est un obstacle majeur au *reporting* des entreprises. Néanmoins, pour les autres populations susceptibles d'être discriminées les informations sont également décevantes : les rapports annuels ne comprennent que 32 % des informations attendues pour les seniors, 47 % pour la place des femmes et 49 % pour le thème du handicap.

Les 28 indicateurs de qualité d'un reporting diversité selon Novethic[1]

Approche globale de la diversité

Approche globale de la diversité par l'entreprise : engagements, stratégie, structure

- Mention de cet enjeu dans le message du président
- Mention et détails de cet enjeu dans l'exposé stratégie développement durable et/ou RH, notamment stratégie globale de recrutement
- Photo(s) permettant d'évaluer la diversité de l'exécutif
- Mention de code de conduite, charte ou engagement sur la diversité et la non-discrimination (dont Montaigne)
- Mention d'une structure *ad hoc*

La diversité liée au sexe : la place des femmes

- Information sur l'emploi des femmes dans l'entreprise
  Le taux de féminisation
  Indicateur sur le recrutement des femmes
  Égalité de rémunérations
  Mention distincte du salaire des femmes
  Mention de l'écart entre les rémunérations homme/femme
- Égalité dans l'encadrement
  Taux de femmes dans l'encadrement/management
- Mention de dispositifs pour l'égalité homme/femme
  Mention d'accords d'entreprise ou accord-cadre
  Mention sur les déclinaisons d'accords, actions concrètes, outils opérationnels et moyens/budgets
  Mention d'un prix ou label obtenu – dont le label Égalité français

▶▶▶

---

1. Selon une grille construite à partir des référentiels français et étrangers : norme, lois, conventions, chartes…

▶▶▶

La diversité liée à l'âge : la place des seniors
- Information sur l'âge des salariés
  Mentions de la répartition des effectifs par âges
  Mention de l'âge moyen des salariés
  Mention de l'ancienneté moyenne des salariés
- Mention de dispositifs en faveur des seniors
  Mention d'un accord d'entreprise, accord-cadre, principes ou charte
  Mentions d'outils et d'actions pour recrutement, maintien, adaptation des postes, formation *ad hoc*, etc.

La diversité liée au handicap
- Information sur l'emploi des personnes handicapées
  Présence de personnes handicapées dans l'effectif (nombre, taux…)
  Indicateurs sur le recrutement des personnes handicapées (nombre d'embauches dans l'année, stagiaires…)
- Mention de dispositifs en faveur des personnes handicapées
  Mention d'un accord d'entreprise ou accord-cadre
  Mention de déclinaison d'accords, budgets alloués, outils opérationnels…

La diversité liée à l'origine : la place des minorités visibles
- Informations sur la nationalité des salariés
  Mention sur la nationalité : salariés français ou étrangers (site France de l'entreprise)
  Mention sur la nationalité : salariés locaux ou expatriés (site hors France)
  Indicateurs sur le recrutement en fonction de la nationalité
- Mention de dispositifs en faveur des minorités visibles
  Mention de plaintes au niveau du groupe pour cause de discrimination
  Mention de programmes/outils spécifiques pour le recrutement
  Mention de programmes/outils spécifiques promotion/formation/communication (en interne)

Des informations statistiques hétéroclites plutôt que la présentation des dispositifs de luttes contre les discriminations

Les entreprises ont tendance à présenter des tableaux de chiffres, sans les relier réellement à leurs politiques diversité et aux objectifs fixés.

Mais des entreprises comme PSA Peugeot Citroën ou Total s'illustrent par la qualité de leur *reporting*.

Exemple de *reporting* relatif à la diversité du groupe Total dans le rapport annuel 2005

Le groupe présente les enjeux de la diversité et la place prioritaire qu'elle occupe dans sa politique RSE.

Il mentionne la signature avec les principales organisations syndicales d'un accord européen sur l'égalité des chances, notamment en faveur des femmes et des handicapés. Il rappelle ses engagements en matière de non-discrimination et d'égalité des chances, depuis le recrutement jusqu'à la fin du contrat.

Le groupe a constitué le Conseil de la diversité qui s'est doté d'indicateurs de suivi :

- La féminisation ;
- L'internationalisation des effectifs ;
- La part des femmes et des Non-Français dans la population cadres, hauts potentiels, dirigeants et membres de comité de direction.

Les indicateurs de suivi concernent :

- Les recrutements ;
- L'évolution de carrière ;
- L'accès à des formations managériales.

▶▶▶

Des objectifs sont fixés pour les années 2004 à 2006 :

- Des objectifs de féminisation sont fixés :
  - Objectif global : le pourcentage de femmes dans les recrutements doit passer de 24 % en 2004 à 33 % en 2006 ;
  - Des objectifs sont fixés par catégories de cadres, pour les hauts potentiels, pour les dirigeants et pour les membres du comité de direction. À titre d'exemple, la représentation des femmes dans la population dirigeante doit doubler (de 6 % en 2004 à 12 % en 2006). Le nombre de comités de direction comprenant au moins une femme doit passer de 51 %, en 2004, à 95 % en 2006. Le pourcentage de femmes au sein de ces comités doit passer au cours de cette même période de 8 à 12 % ;
- Le groupe s'est fixé des objectifs en matière de présence de Non-Français dans les différentes catégories de cadres, dirigeants, hauts potentiels et membres de comités de direction. Par exemple, le nombre de comités de direction comprenant au moins un Non-Français doit passer de 74 %, en 2004 à 95 % en 2006, et leur pourcentage de 38 % à 50 %.
- Des objectifs sont également fixés pour les formations managériales pour les femmes (qui doivent passer de 12 % à 25 % en 4 ans) et les Non-Français.

Exemple de *reporting* relatif à la diversité du groupe PSA Peugeot-Citroën dans le rapport annuel 2005

Les engagements

- Le groupe rappelle son engagement social dans un rapport social très complet : « Notre engagement social » ;
- Il rappelle les enjeux de la diversité et mentionne la non-discrimination et l'égalité des chances et de traitement comme une des valeurs fortes du groupe. *« La diversité des salariés est source de*

▶▶▶

▶▶▶

complémentarité, d'équilibre social et de performance. » Le groupe évoque la nécessité de « *s'entourer de profils variés reflétant la société et son environnement, ce qui facilite la compréhension et la satisfaction de ses clients* » ;

Il insiste sur les actions pour le développement de l'emploi féminin et l'égalité professionnelle entre les hommes et les femmes.

Les objectifs

À titre d'exemple, le groupe s'est fixé :

- Des objectifs ambitieux de féminisation de ses effectifs et de recrutement, dans chaque filière professionnelle, d'une proportion de femmes équivalente à celles des candidatures reçues ;
- Des objectifs de recrutements de salariés non nationaux ;
- Un objectif de recrutement d'au moins 45 personnes diplômées issues de zones urbaines sensibles afin de pourvoir des postes à responsabilité ;
- La volonté d'un équilibre entre les générations.

Résultats qualitatifs :

- La référence à l'obtention du label égalité professionnelle ;
- L'accord sur le développement de l'emploi féminin et l'égalité professionnelle entre les femmes et les hommes signé en 2003 ;
- L'accord sur la diversité et la cohésion sociale signé en France dans la division automobile en 2004 ;
- L'appréciation de l'agence de notation extra-financière Vigeo ;
- Sont citées des procédures et actions concrètes permettant de garantir l'égalité des chances (méthodes de recrutement centrées sur l'identification des aptitudes, notamment par simulation, critères de sélection objectifs, plaquette de communication interne, formation des recruteurs, guide de procédures de recrutement, suivi de la bonne application des règles internes, *testing* de l'Observatoire des discriminations).

▶▶▶

▶▶▶

Des indicateurs précis et complets

À titre d'exemple :

- La féminisation des effectifs avec l'équilibre des candidatures féminines reçues (19 %) par rapport aux recrutements réalisés (19 %). L'équilibre est respecté pour les filières techniques pour la division automobile France. Le taux de féminisation pour l'année 2004 s'élève à 26 %, alors qu'il était de 11,5 % en 1999 ;

- Des résultats de recrutements en fonction de certains critères d'âge ;

- Les travailleurs handicapés : complétés par des contrats de sous-traitance avec le secteur protégé, ils représentent 10 % des emplois (alors que le taux incitatif national est de 6 %).

Les PME font figure de parent pauvre en matière de *reporting*, et il ne faut pas s'en étonner car elles n'ont ni la culture ni l'obligation légale d'une telle démarche[1]. Pourtant, la PME Norsys s'est illustrée en avril 2006 en établissant un rapport annuel de performance globale, c'est-à-dire relative à la dimension à la fois économique, sociale et environnementale et qui intègre la présentation de sa politique diversité (signature de la Charte de la diversité dans l'entreprise et mise en place du CV anonyme). Ce document est adressé à toutes les parties prenantes : salariés, clients, fournisseurs, partenaires, notamment, de la société civile.

---

1. Si la société n'est pas cotée, elle n'a pas d'obligation de réaliser un rapport NRE ; si son effectif est inférieur à 20 personnes, elle ne doit pas effectuer la déclaration annuelle relative aux travailleurs handicapés ; si elle comprend moins de 50 salariés, le rapport annuel sur la situation comparée des hommes et des femmes en matière d'emploi n'est pas exigé ; enfin, si elle compte moins de 300 salariés, elle n'est pas soumise au bilan social.

Les outils spécifiques de la mesure de la discrimination

Au-delà des informations traditionnelles dont l'entreprise dispose généralement, il est possible de recourir à des méthodes spécifiques de la mesure de la discrimination, telles que l'*auto-testing*, la méthode d'observation des discriminations par le prénom ou opter pour une démarche de label.

L'auto-testing

L'*auto-testing* est une démarche volontaire de l'entreprise pour mieux connaître son processus de recrutement et identifier d'éventuelles pratiques discriminatoires. D'un point de vue méthodologique il est identique aux méthodes introduites par le sociologue Jean-François Amadieu qui a mis en place des opérations de *testing* à grande échelle dans le cadre de recherches universitaires, en collaboration avec la société de travail temporaire ADIA. Il peut également être rapproché des techniques des associations antiracistes telles que SOS Racisme lors d'actions en justice. Pour une entreprise, la méthode consiste à se faire envoyer des couples de curriculum vitae, dont l'un se différencie par un critère tel que l'âge, le genre ou le patronyme, et d'analyser le taux de réussite (convocation à un entretien pour un *testing* sur CV). L'objectif de l'*auto-testing* n'est pas de sanctionner, et la logique n'est pas celle de la dénonciation, mais plutôt celle de la prise de conscience collective, ainsi que l'identification d'actions d'amélioration du processus de recrutement. Il ne s'agit pas non plus d'identifier un individu dans la chaîne de recrutement.

Aujourd'hui trois acteurs proposent cette prestation : l'Observatoire des discriminations de l'université de Paris I, SOS Racisme et, plus récemment, l'agence de communication TBWA/CORPORATE. Selon

Mamadou Gaye[1] consultant de l'agence, le *jobtesting* tente de répondre à la question : « Quel est le visage de la diversité de votre entreprise et quels sont les freins ? » Il est donc nécessaire « *d'avoir une meilleure connaissance de ses procédures de recrutement et ce, dans un but de le maîtriser et de l'améliorer* ». Cela permet également d'attirer des candidats sensibilisés à la discrimination. À ce jour, seule la discrimination ethnique et raciale est évaluée par l'agence et uniquement à partir du CV (alors que la méthode pourrait être envisagée en entretien avec des candidats acteurs).

La méthode d'observation des discriminations par le prénom

Les entreprises demandent un outil de mesure de la diversité. L'objectif est louable, mais la méthode est illégale en l'état actuel du droit, en France, car elle suppose nécessairement la création de catégories ethnico-raciales. La méthodologie d'observation des discriminations par le prénom de l'Observatoire des discriminations, dirigé par Jean-François Amadieu, est donc une alternative intéressante et a de fortes chances de se développer. De quoi s'agit-il ?

La méthodologie d'observation des discriminations par le prénom mesure les pratiques discriminatoires. Elle repose sur la méthode de l'échantillonnage. L'objectif est d'isoler deux échantillons de candidats, puis d'observer si des différences notables entre les deux populations isolées apparaissent au niveau d'indicateurs définis pour analyser le traitement des candidats :

- Proportion de réponses négatives à une candidature ;
- Taux de convocation à un entretien ;
- Délais de convocation aux entretiens ;
- Taux d'embauche définitive.

---

1. Interview par Alain Gavand le 11 avril 2006.

Le critère choisi pour échantillonner est le prénom car il est fortement porteur de discriminations. Le prénom permet de savoir avec une marge d'erreur finalement faible comment quelqu'un est perçu par les autres ; c'est bien cette perception qui crée le préjugé.

L'Observatoire des discriminations, pionnier dans cette méthodologie, a constitué des échantillons de prénoms caractéristiques de régions du monde dont les ressortissants ou assimilés sont habituellement victimes de discriminations.

En fait, il s'agit d'observer si un échantillon de candidats porteurs de « prénoms discriminés » a été traité de manière identique à la moyenne sur les indicateurs définis. Il s'agira ensuite de croiser ces données avec d'autres données individuelles, niveau d'études, sexe, âge, ainsi qu'avec des informations liées au processus d'embauche, tels que les catégories de poste, les services de l'entreprise, la localisation du poste…

Cette analyse permettra de définir un plan d'action et de le cibler correctement. Il s'agira également de suivre ces indicateurs dans la durée pour vérifier d'éventuelles améliorations, les comprendre, et valider ainsi l'efficacité d'une politique mise en place.

Conformément aux recommandations de la CNIL[1], cette méthodologie ne vise en aucun cas à déterminer une origine « ethnique ou raciale », mais à mesurer les pratiques de recrutement selon les origines géographiques vraies ou supposées des individus. Les traitements doivent être réalisés dans un cadre confidentiel, c'est-à-dire par un nombre limité de personnes spécialisées et dans un environnement informatique sécurisé. Les résultats doivent être produits sous une forme statistique agrégée, de façon à garantir l'anonymat des personnes concernées (en tout état de cause, aucun résultat statistique ne concernera de grou-

---

1. Voir à la fin de ce présent chapitre.

pes de moins de dix personnes). À l'issue de la production des résultats statistiques, les fichiers de données individuelles constitués pour la réalisation de l'étude seront détruits sans délai.

Étude menée par l'Observatoire des discriminations pour Éthique et Recrutement auprès d'un cabinet de recrutement

Par la méthode des prénoms, un échantillon de candidats portant un prénom habituellement discriminé a été constitué. L'étude a révélé pour cet échantillon les éléments suivants :

- recrutement par annonces : en moyenne pour une annonce, la proportion de candidats portant un prénom habituellement discriminé est la même que celle de la CVThèque, mais les candidats portant un prénom habituellement discriminé ont 25 % de chances en moins d'être recrutés. Cela semble indiquer un sourcing correct mais une inégalité des chances due au cabinet et/ou aux clients.

- recrutement par approche directe : un candidat portant un prénom habituellement discriminé a 60 % de chances en moins d'être approché par le cabinet que le reste de l'échantillon. Aucun d'entre eux n'a été recruté. Ceci révèle une tendance discriminatoire de ce cabinet, induite probablement par le ciblage restrictif des candidats. On peut émettre l'hypothèse qu'il s'agit d'une anticipation forte des demandes des clients, qui se révèlent encore plus discriminatoires.

Par ailleurs, les membres de l'échantillon n'ont jamais été approchés dans le cadre d'une mission en approche directe pour un poste de directeur. Ils n'ont jamais non plus été choisis pour un poste de directeur.

Il a été décidé d'approfondir le travail afin de savoir si les stéréotypes provenaient des consultants ou des demandes des clients (auxquels les consultants ne parviendraient pas à s'opposer).

Le label égalité

Afin de valoriser l'égalité entre les hommes et les femmes dans les entreprises, un label Égalité a été mis en place fin 2004, à l'initiative du ministère. Il récompense l'exemplarité des pratiques des entreprises, administrations ou associations dont le dossier a été jugé recevable par l'organisme de certification, l'AFAQ. Ont obtenu ce label des entreprises telles qu'Airbus, Deloitte, EADS, Eau de Paris, PSA Automobile.

Le « label égalité » s'articule autour de plusieurs critères, répartis dans trois champs :

- Le premier champ est relatif aux actions menées dans l'entreprise en faveur de l'égalité professionnelle. Ces actions sont évaluées en tenant compte :

  - De l'information et de la sensibilisation à la mixité et à l'égalité des dirigeants, des salariés, ainsi que de leurs représentants ;

  - Des opérations de communication interne, adaptées à la taille de l'entreprise, pour promouvoir la mixité et l'égalité ;

  - De la signature d'un accord d'entreprise dans le domaine de l'égalité professionnelle ;

- Le deuxième champ est centré sur la gestion des ressources humaines et le management. Il s'apprécie au regard :

  - Des actions menées pour renforcer l'égalité d'accès des femmes et des hommes à la formation professionnelle continue ;

  - De l'analyse des indicateurs relatifs aux conditions générales d'emploi et de formation des hommes et des femmes dans l'entreprise, afin d'établir des objectifs de progression ;

  - De la politique tendant à la mixité dans les différentes instances de décision (comité de direction, comité exécutif, comité stratégique).

- Le troisième champ correspond à la prise en compte de la parentalité dans le cadre professionnel. Les actions de l'entreprise permettant une articulation de la vie professionnelle et de la vie familiale sont évaluées, et plus particulièrement :
  - L'aménagement des horaires ;
  - L'organisation et les conditions de travail ;
  - Les modalités de départ et de retour de congés de maternité et/ou parentaux, afin de mieux tenir compte des objectifs de carrière.

Quelle méthodologie pour un rapport annuel diversité ?

Définir un cadre de reporting diversité

Quel doit être le contenu du *reporting* relatif à la politique de recrutement de l'entreprise ? Comment apporter la preuve que celle-ci garantit bien l'égalité des chances ? Quels sont les indicateurs à privilégier ?

Assurément, la pertinence et la garantie de l'information seront liées à celui qui effectuera cette mission : l'entreprise doit-elle recourir à ses propres services ou à un tiers extérieur ? Et dans ce cas, qui est habilité à l'auditer ou à certifier ses engagements ? Son objectivité et son indépendance sont-elles garanties ?

La GRI (Global Reporting Initiative) est à ce jour le référentiel le plus reconnu au monde en matière de *reporting* de responsabilité sociale. De quoi s'agit-il ?

La Global Reporting Initiative a défini, en 1997, les lignes directrices d'un bilan volontaire en matière de développement durable de la part des entreprises. La structure et le contenu du guide sont la référence mondiale en matière de *reporting* dans le domaine de la responsabilité sociale[1]. La première publication date de 1999, la dernière version date de juin 2002 et a été présentée au sommet de Johannesburg.

Parmi les indicateurs préconisés dans la catégorie « social » et « droit de l'homme », la non-discrimination figure dans le rapport de la GRI. Ces indicateurs sont définis de la façon suivante :

- Description de la politique ou des programmes d'égalité des chances, système de suivi destiné à en vérifier le respect et les résultats. La politique d'égalité des chances peut concerner le harcèlement sur le lieu de travail et l'embauche prioritaire de personnes ayant fait historiquement l'objet d'une discrimination (*affirmative action*) ;

- Composition de la direction générale et des instances dirigeantes de l'organisation (y compris le conseil d'administration), avec proportion femmes/hommes et d'autres indicateurs de la diversité adaptée aux différences culturelles ;

- Description de la politique générale et des procédures/programmes visant à éviter toutes formes de discrimination dans les activités, avec mention des systèmes de suivi et de leurs résultats.

La GRI définit 11 principes, classés en 4 catégories :

- Principes concernant les processus de rédaction du rapport :
  - Transparence : publication d'une méthodologie détaillée, ainsi que des postulats pris lors de la rédaction du rapport ;
  - Dialogue : consultation des *stakeholders* ;

---

1. C'est à l'initiative conjointe du Programme des Nations Unies pour l'environnement (PNUE), de quelques associations d'entreprises et du CERES (Coalition for Environmentally Responsible Economies) que ce schéma de travail a été mis au point. Il a bénéficié également du soutien actif de représentants du monde de l'entreprise, d'ONG, d'associations à but non lucratif, d'organismes comptables, d'investisseurs et d'organisations syndicales, La GRI est une association indépendante et regroupe plus de 5 000 membres. (voir son site Internet : www.globalreporting.org).

– Auditabilité : les données chiffrées doivent être produites, agrégées, analysées et publiées de manière à ce que d'éventuels auditeurs puissent les certifier ;

• Principes déterminant le périmètre du rapport :

– Exhaustivité : l'ensemble des informations susceptibles d'éclairer les lecteurs du rapport sur les impacts sociaux, économiques et environnementaux de l'organisation doit être précisé, avec mention explicite de leur périmètre et des dates auxquelles il s'applique ;

– Pertinence : ce principe guide dans le choix des informations publiées, celles-ci devant être significatives ;

– Contexte de RSE : l'organisation doit replacer ses propres performances au sein du contexte et des contraintes sociales, économiques et environnementales pesant sur elle, afin de mettre en perspective les données qu'elle fournit ;

• Principes garantissant la fiabilité des données :

– Précision : l'exactitude des données fournies doit permettre aux *stakeholders* de faire confiance au rapport ;

– Neutralité : les rapports devraient éviter toute subjectivité, et tous les efforts nécessaires doivent avoir été entrepris afin de présenter la performance de l'organisation de manière équilibrée ;

– Comparabilité : l'organisation doit maintenir une homogénéité au fil de ses rapports quant au périmètre des données fournies, et préciser tout changement ;

• Principes concernant l'accès au rapport :

– Clarté : l'organisation doit être consciente du niveau de connaissance de chacun de ses *stakeholders* et présenter une information compréhensible par le plus grand nombre, tout en maintenant un niveau de détail approprié ;

– Régularité : les rapports doivent être produits de manière régulière et à une fréquence appropriée à la nature des données traitées, ainsi qu'aux besoins des *stakeholders*.

Les contraintes juridiques en matière de mesure de la diversité des origines de leurs employés

Compte tenu du caractère sensible de ces informations recueillies dans le *reporting* diversité, la CNIL a effectué une recommandation dont le contenu diffère selon qu'il s'agit du fichier de gestion des ressources humaines ou d'outils de mesure de la diversité.

Fichiers ressources humaines

La CNIL[1] considère que doivent être exclus des fichiers de gestion des ressources humaines l'enregistrement de :

* Caractéristiques raciales ou leur catégorisation par la couleur de leur peau ou leur origine ethno-raciale ;
* La nationalité d'origine d'un employé ou d'un candidat à un emploi ;
* La nationalité ou le lieu de naissance de ses parents.

Des outils de mesures de la diversité, distincts de fichiers RH

En revanche, elle estime que les objectifs de lutte contre les discriminations en matière d'emploi sont légitimes au regard de l'intérêt public et que celle-ci pourrait s'appuyer sur la mise en place d'outils de mesure de la diversité des origines.

Elle définit les données pouvant être recueillies et traitées :

* Le nom du candidat à l'emploi ou de l'employé ;
* Son prénom ;
* Sa nationalité ;

---

1. Recommandation du 5 juillet 2005 (www.cnil.fr).

- Sa nationalité d'origine, le cas échéant ;
- Son lieu de naissance ;
- La nationalité ou le lieu de naissance de ses parents ;
- Son adresse.

En revanche, elle recommande :

- De ne pas recueillir des données relatives à l'origine raciale ou ethnique réelle ou supposée de leurs employés ou candidats à un emploi ;
- De ne pas effectuer d'analyse de la consonance du nom ou du prénom, de la nationalité ou de l'adresse des personnes aux fins de classement dans des catégories « ethno-raciales ».

La CNIL, dans sa recommandation, reconnaît la pertinence d'une analyse multicritère de facteurs de discrimination (âge, sexe, origine...) plutôt que sur un seul critère. Elle recommande qu'une réflexion soit conduite au préalable dans l'entreprise ou l'administration, en concertation avec les instances représentatives du personnel, pour clarifier les objectifs de la politique de diversité en référence au code du travail et au code pénal afin de définir la variété des indicateurs à mettre en œuvre pour mesurer la diversité de façon fiable.

En revanche, l'utilisation à des fins de mesures statistiques de la diversité des données enregistrées dans des fichiers de gestion des ressources humaines existants et déclarés auprès de la CNIL ne pose pas de problème, à condition que :

- Cette utilisation soit envisagée dans le cadre d'un programme de lutte contre les discriminations ;
- Le traitement du nom, prénom, de l'adresse ou de la nationalité afin de faire apparaître l'origine ethno-raciale soit exclu ;
- Les salariés concernés soient informés des traitements opérés sur les données les concernant ;
- Les traitements soient réalisés dans un cadre confidentiel ;

- Les résultats soient produits de façon agrégée, de façon à garantir l'anonymat des personnes concernées ;
- Les fichiers de données individuelles constitués pour la réalisation de l'étude soient détruits.

Reporting diversité
13 axes de progrès recommandés

Stratégie
1. Mentionner les enjeux de la politique diversité.
2. Décrire les engagements de la direction.
3. Préciser s'il existe une structure dédiée à la promotion de la diversité en interne.
4. Définir un périmètre exhaustif de la diversité et ne pas réserver celui-ci à une seule population susceptible d'être discriminée (par exemple, uniquement l'égalité homme/femme).
5. Définir le périmètre du *reporting* (groupe, filiale, pays…).

Dialogue et concertation
6. Associer des parties prenantes dans l'élaboration du *reporting* (représentants des salariés, association de lutte contre les discriminations…).

Déploiement
7. Décrire les actions menées en matière de lutte contre les discriminations (contenu, quantification, champ d'application, montant des investissements…).

Mesure
8. Présenter des données quantitatives et recourir à des méthodes pertinentes de mesures (audit, *testing*…).
9. Garantir la fiabilité de l'information par une certification des engagements et des résultats ;

▶▶▶

10. Intégrer une analyse des politiques menées et des résultats par un tiers indépendant.
11. Fournir des indicateurs permettant de mesurer les évolutions par rapport aux années précédentes et de comparer les résultats d'une entreprise à l'autre.
12. Ne pas se limiter à l'inventaire des réussites et recenser les difficultés rencontrées.

Amélioration continue
13. Présenter les axes d'amélioration.

Si l'entreprise veut dépasser la simple déclaration et les effets de communication, il est impératif qu'elle se dote d'outils fiables et pertinents de *reporting* lui permettant de vérifier ses progrès et de mesurer les écarts par rapport aux objectifs fixés. Elle se doit en outre de renseigner les parties prenantes qui, légitimement, attendent des résultats tangibles. Réjouissons-nous que beaucoup d'informations soient déjà disponibles de par les différentes obligations de l'entreprise (bilan social, loi NRE, information sur l'égalité professionnelle homme/femme...). Il lui reste néanmoins à les agréger, les consolider, puis les mettre en perspective avec la stratégie diversité. Enfin, pour comparer les informations d'une année sur l'autre et d'une entreprise à l'autre, et éviter que l'entreprise ne fasse preuve de complaisance envers elle-même, il sera nécessaire de définir un cadre commun de *reporting* français et sectoriel tenant compte des obligations juridiques relatives à la collecte des données.

Conclusion

L'état des lieux des pratiques discriminatoires existantes dressées dans cet ouvrage pourrait nous conforter dans une vision relativement pessimiste de notre société, tant les changements à conduire sont importants et tant les résistances nombreuses. Que d'acteurs à convaincre ! Que d'habitudes à bouleverser ! Que de prés carrés à remettre en question ! Ce n'est qu'en recensant les bonnes pratiques des entreprises et en inventoriant les initiatives, toujours plus nombreuses, à la fois des politiques, de la société civile et des personnes habituellement discriminées que nous avons toutes les raisons d'espérer. Ce n'est qu'en analysant les enjeux de la diversité, pour la société et pour l'entreprise, que nous comprenons l'impérieuse nécessité de s'engager dans une telle démarche. Il nous faut prendre conscience de tous les gains à en retirer à la fois en terme de performance économique, sociale et sociétale.

En effet, le problème est bien réel et la discrimination n'est plus un sujet tabou. Des entreprises s'engagent et les regards des salariés, des médias et des acteurs de la société civile se dirigent vers elles. Des attentes fortes en matière de résultats s'expriment et des espoirs émanent des personnes jusqu'alors discriminées, qui veulent exercer justement leurs talents. Et l'entreprise ne doit pas décevoir. Pourtant, elle ne sait pas encore comment faire et ne se donne pas encore tous les moyens de ses politiques. Audit des pratiques, accompagnement, fixation d'objectifs, suivi des résultats seront nécessaires. De même, des actions spécifiques devront être mises en place pour les PME. Personne ne gagnera à diaboliser l'entreprise, qui n'est que le miroir de la société ! Seule, elle ne parviendra pas à changer la société tout entière et elle devra compter sur les mutations profondes de son environnement.

Parions que ces pratiques discriminatoires dans quelques décennies seront totalement anachroniques et que les nouvelles générations ne regarderont plus notre monde selon les catégories jusque-là employées : homme/femme, blanc/de couleur, handicapé/non-handicapé, jeune/âgé. Espérons que leur mobilité géographique, tout autant que leur mobilité d'esprit, leur accès à la connaissance, facilité par les nouvelles technologies les contraignent à abattre les frontières, afin de s'enrichir de la diversité.

Annexes

Le cadre légal de la discrimination à l'embauche
- Textes internationaux et communautaires
- Textes français

LE CADRE LÉGAL DE LA DISCRIMINATION À L'EMBAUCHE – CHRONOLOGIE

Textes internationaux et communautaires

Année	Désignation	Contenu	Motif de discrimination Femmes/Hommes	Handicapés	Tout motif
1945	Constitution de l'Organisation internationale du travail[1]	Tous les « êtres humains, quels que soient leur race, leur croyance, leur sexe, ont le droit de poursuivre leur progrès matériel et leur développement spirituel dans la liberté et la dignité, dans la sécurité économique et avec des chances égales ».			•
1948	Déclaration universelle des droits de l'homme	Instaure une garantie relative aux droits et libertés fondamentales de l'être humain. Quatre articles visent plus précisément à développer l'égalité des chances entre les sexes.	•		
18 déc. 1979	Convention de l'ONU[2]	Reprise de la notion d'égalité des chances et élimination de toutes discriminations à l'égard des femmes. « L'adoption de mesures temporaires spécifiques visant à accélérer l'instauration d'une égalité de fait entre les hommes et les femmes n'est pas considérée comme un acte discriminatoire. »	•		
25 mars 1957	Traité de Rome	La Communauté a pour mission [...] de promouvoir l'égalité entre les hommes et les femmes.	•		
10 février 1975	Directive 75/117	Application du principe d'égalité des rémunérations hommes/femmes.	•		
9 février 1976	Directive 76/207	Application du principe de non-discrimination dans le domaine de l'accès à l'emploi, la formation, la promotion professionnelle et les conditions de travail.	•		

1. Voir également les conventions et déclarations de l'OIT chapitre 6.
2. Voir également les conventions de l'ONU chapitre 6

Année	Désignation	Contenu	Femmes/Hommes	Handicapés	Tout motif
29 juin 2000	**La directive 2000/43/CE relative à la mise en œuvre du principe de l'égalité de traitement entre les personnes sans distinction de race ou d'origine ethnique est applicable par les États membres depuis 2003**	Confère compétence à l'Union européenne pour lutter contre toutes les formes de discriminations : • Définit la discrimination directe et indirecte ; • Donne aux victimes de discrimination des voies de recours par une procédure judiciaire ou administrative, assorties de sanctions appropriées à l'encontre des personnes qui se rendent coupables de discrimination ; • Transfère la charge de la preuve (dans les affaires civiles) dès qu'une présomption de discrimination a pu être établie par le demandeur et acceptée par la juridiction ou toute autre instance ; • Traite de la discrimination en matière d'emploi et de formation, d'éducation, de protection sociale ; • Exige des États membres qu'ils fournissent des informations sur leur territoire concernant les mesures qu'ils ont prises pour lutter contre la discrimination ; • Exige des États membres qui ne l'ont pas encore fait qu'ils instaurent des instances de promotion de l'égalité de traitement qui fourniront aux victimes de discriminations une assistance indépendante, mèneront des enquêtes et des études, publieront des rapports et formuleront des recommandations.			•
Déc. 2000	**La Charte des droits fondamentaux**	Définit les différents droits sociaux, politiques et économiques dont devraient bénéficier tous les citoyens de l'Union mais n'a pas encore de valeur juridique contraignante à l'encontre des États membres.			•
Nov. 2000	**Convention Européenne des Droits de l'Homme et des libertés fondamentales**	Affirme, dans son article 1, le principe de l'interdiction générale de la discrimination. « *La jouissance de tout droit prévu par la loi doit être assurée, sans discrimination aucune, fondée notamment sur le sexe, la race, la couleur, la langue, la religion, les opinions politiques ou toutes autres opinions, l'origine nationale ou sociale, l'appartenance à une minorité nationale, la fortune, la naissance ou toute autre situation.* »			•

Année	Désignation	Contenu	Motif de discrimination		
			Femmes/ Hommes	Handicapés	Tout motif
27 nov. 2000	**Directive 2000/78/CE portant création d'un cadre général en faveur de l'égalité de traitement en matière d'emploi et de travail**	Interdit la discrimination fondée sur la religion ou les convictions, un handicap, l'âge ou l'orientation sexuelle dans le domaine de l'emploi. Accorde les mêmes droits fondamentaux de protection que la directive 2000/43/CE. Exige des employeurs qu'ils procèdent à des aménagements raisonnables afin de répondre aux besoins d'une personne handicapée compétente pour exercer l'emploi en question.			●
23 sep. 2002	**Directive 2002/73 Actualisation de la directive de 1976 Transposition dans les États membres prévue avant octobre 2005**	Mise en œuvre du principe d'égalité hommes/femmes avec pour principale innovation concernant la prohibition du harcèlement sexuel. Définit la notion de discrimination indirecte et les conditions dans lesquelles une différence de traitement peut être légitime. Prévoit la mise en place d'organismes nationaux chargés de la promotion du principe d'égalité de traitement	●		
13 déc. 2004	**Transposition dans les États membres prévue avant décembre 2007**	Interdiction de toute discrimination fondée sur le sexe dans les domaines de l'accès et la fourniture de biens et services.	●		

LE CADRE LÉGAL DE LA DISCRIMINATION À L'EMBAUCHE – CHRONOLOGIE

Textes français

Année	Désignation	Contenu	Motif de discrimination			
			Femmes	Handicapés	Origine	Tout motif
26 août 1789	**La Déclaration des droits de l'homme et du citoyen**	Dans son article premier, affirme que les hommes naissent égaux et demeurent libres et égaux en droits.				●
1946	**La Constitution**	Le préambule garantit à la femme des droits égaux à ceux de l'homme, dans tous les domaines.	●			
4 octobre 1958	**La Constitution**	Affirme le principe de non-discrimination : « *La France est une république indivisible, laïque, démocratique et sociale. Elle assure l'égalité devant la loi de tous les citoyens, sans distinction d'origine, de race ou de religion.* »				●
1er juillet 1972	**La loi du 1er juillet 1972**	Institue, dans le cadre de la liberté de la presse, le principe selon lequel ceux qui auront provoqué des discriminations à l'égard de groupes de personnes en raison de leur origine ou appartenance à une ethnie, nation ou race… (par des discours, menaces, écrits, dessins…) seront passibles de condamnation pénale, à savoir un emprisonnement d'un mois à un an et d'une amende de 2 000 à 300 000 francs ou de l'une de ces deux peines.			●	
22 déc. 1972	**La loi du 22 décembre 1972**	Établit ensuite le principe d'égalité de rémunération entre les hommes et les femmes, pour un même travail ou un travail de valeur égale et prévoit des dispositions de contrôle et de sanction des infractions.	●			
30 juin 1975	**La loi d'orientation du 30 juin 1975 en faveur des handicapés**	Institue une structure d'accueil en matière de rééducation professionnelle, de formation ou d'emploi et permet aux intéressés de bénéficier d'une allocation spéciale (CDES et COTOREP).		●		

Année	Désignation	Contenu	Motif de discrimination			
			Femmes	Handicapés	Origine	Tout motif
31 déc. 1975	La loi du 31 décembre 1975	Diffusion des offres d'emploi : • Interdiction de mentionner une limite d'âge supérieure dans les annonces ; • Interdiction également à l'employeur de rédiger une offre d'emploi sexiste, c'est-à-dire réservée à l'un ou l'autre sexe, de refuser une embauche ou de licencier en raison du sexe ou de la situation familiale, sauf cas légitime.	•			
6 janvier 1978	La loi informatique et libertés	Impose des obligations d'information sur le traitement des données dans les questionnaires d'embauche. Définit les conditions de déclaration à la CNIL de tous les traitements automatisés de données à caractère personnel.				•
28 et 29 oct. 1982	Les lois Auroux	Introduisent pour la première fois dans le code du travail des dispositions interdisant les discriminations.				•
13 juillet 1983	La loi Roudy (n° 83-635) du 13 juillet 1983 sur l'égalité professionnelle entre les hommes et les femmes	Précise les discriminations illégales et donne des moyens de recours plus efficaces – étend la notion d'égalité de rémunération à celle de l'égalité professionnelle entre hommes et femmes : emploi, formation, promotion. À la notion d'égalité des droits, s'ajoute celle de l'égalité des chances. Sont autorisées des mesures de rattrapage au bénéfice des femmes, pour rééquilibrer des situations inégalitaires, socialement et historiquement. Redéfinit la notion de « valeur égale » du travail. Les entreprises de plus de 50 salariés sont tenues de fournir chaque année un rapport de situation comparée des hommes et des femmes. Les entreprises peuvent établir des mesures de rattrapage temporaire au seul bénéfice des femmes, forme de discrimination positive. Les inspecteurs du travail sont habilités à intervenir dans les cas d'offres d'emploi et d'embauches discriminatoires. Les organisations syndicales ont la possibilité d'agir en faveur d'un ou plusieurs salariés de l'entreprise.	•			

Année	Désignation	Contenu	Motif de discrimination			
			Femmes	Handicapés	Origine	Tout motif
10 juillet 1987	**La loi 87- 517 du 10 juillet 1987 relative à l'emploi des travailleurs handicapés**	Oblige les établissements de plus de 20 salariés, l'État et les collectivités territoriales à employer, à temps plein, des travailleurs handicapés reconnus par la COTOREP, des victimes d'accidents du travail, des invalides civils ou des mutilés de guerre ou assimilés, dans la proportion de 6 % de leur effectif total (article L. 343-1 du code du travail). Les entreprises peuvent remplir leurs obligations légales par le recours à la sous-traitance en secteur protégé ou adapté et par la conclusion et l'application d'accords d'entreprises ou d'accords de branches prévoyant des programmes pluriannuels d'embauche, d'insertion, de formation, d'adaptation. Les entreprises peuvent se libérer de leurs obligations, en versant une contribution volontaire au fond de développement pour l'insertion professionnelle des personnes handicapées, géré par l'AGEFIPH.		•		
31 décembre 1992	**La loi 92-1446 du 31 décembre 1992 sur l'emploi et la circulaire du 15 mars 1993**	Encadre le recrutement afin d'en limiter les excès et d'ouvrir des droits aux candidats (garantir que c'est bien la nature de la tâche à accomplir qui doit dicter le choix des méthodes d'évaluation). Les informations demandées à un candidat ne peuvent avoir d'autres finalités que d'apprécier sa capacité à occuper l'emploi proposé ou ses aptitudes professionnelles et doivent avoir un lien direct et nécessaire avec l'emploi proposé. Introduit le principe de transparence et de pertinence des informations et de discussion collective (information du comité d'entreprise).				•
15 mai 2001 Décret du 20 février 2002	**La loi 2001-420 sur les nouvelles régulations économiques (NRE)**	Fait obligation aux sociétés cotées sur les marchés réglementés de fournir des informations relatives à l'égalité professionnelle entre les hommes et les femmes.	•			

Année	Désignation	Contenu	Femmes	Handicapés	Origine	Tout motif
16 nov. 2001	La loi n° 2001-1066, relative à la lutte contre les discriminations transpose les directives communautaires du 27 novembre 2000 (dite « directive emploi ») et du 29 juin 2000 (dite « directive race »)	Les distinctions prohibées ne sont plus limitées aux rémunérations, sanctions, et licenciement mais le champ des discriminations est étendu à toutes les étapes de la vie professionnelle : formation, qualification, promotion, mutation.... Affirme qu' « aucune personne ne peut être écartée d'une procédure de recrutement ou faire l'objet d'une mesure discriminatoire, directe ou indirecte ». Énonce clairement les motifs de discriminations.				●
21 mars 2002	Recommandation de la CNIL	Contenu : définit les informations collectées en recrutement qui sont considérées comme non conformes aux dispositions légales.				●
17 janvier 2002	Loi 2002-73 du 17 janvier 2002 Loi de modernisation sociale	Interdit des mesures discriminatoires à l'encontre des personnes ayant subi ou refusé de subir des agissements de harcèlement.				●
11 février 2005	La loi n° 2005-102 pour l'égalité des droits et des chances, la participation et la citoyenneté des personnes handicapées	Apporte de nombreux changements en faveur des personnes handicapées (prestation de compensation, compléments de l'AAH, maisons départementales du handicap, accessibilité, obligation d'emploi en milieu ordinaire, ressources en milieu protégé...)		●		
31 mars 2006	La loi n° 2006-396 du 31 mars 2006 pour l'égalité des chances	Apporte différentes mesures en faveur de l'égalité des chances (renforcement des prérogatives de la HALDE, légalisation de la pratique du testing, CV anonyme, nouvelles « zones franches urbaines », création d'une Agence nationale pour la cohésion sociale et l'égalité des chances...).				●

Bibliographie

AGEFIPH, « Construire un accord pour les personnes handicapées : recueil d'expériences, guide pratique », juin 2005.

« À la recherche de la diversité dans les rapports du CAC 40, diversité et non-discrimination dans le reporting développement durable des entreprises du CAC 40 », Novethic Études, décembre 2005.

AMADIEU, Jean-François, E*nquête testing sur CV*, ADIA/Paris 1/Observatoire des discriminations, mai 2004 (http:// Cergos univ-paris1.fr/ observatoiredesdiscriminationsfd.htm).

« Analyse du contenu des accords d'entreprises en lien avec la diversité en France », IMS-Entreprendre pour la Cité, février 2006.

APEC, *Recrutement cadre : sélectionner sans discriminer*, APEC, Les Études de l'Emploi Cadre, février 2006.

Arborus-CCIP, « L'impact de la féminisation sur la performance de l'entreprise », juillet 2005 (http://www.arborus.org).

BALICCO, Christian, *Les Méthodes d'évaluation en ressources humaines. La fin des marchands de certitude*, 2ᵉ édition, Éditions d'Organisation, 2002.

BALLET, Jérôme et DE BRY, Françoise, *L'entreprise et l'éthique*, Le Seuil, 2001.

BATAILLE, Philippe, *Le racisme au travail*, La Découverte, 1997.

BEAUJOUAN, Yves-Marie, « Quel est l'apport des assessmnent centers à l'évaluation des personnes ? » in *RH, les apports de la psychologie du travail*, sous la direction de Claude Lévy-Leboyer, Michel Huteau, Claude Louche, Jean-Pierre Rolland, Éditions d'Organisation, 2001.

BECKER, Gary S., *The Economics of Discrimination*, The University of Chicago, 1957.

BORILLO, Daniel, *Lutter contre les discriminations*, La Découverte, 2003.

BOURMMANI, Mustapha, *Les Discriminations à l'emploi. L'insertion professionnelle des jeunes issus de l'immigration*, L'Harmattan, 2001.

BRUCHON-SCHWEITZER, Marilou, « Doit-on utiliser la graphologie dans le recrutement ? » in *RH, les apports de la psychologie au travail*, sous la direction de Claude Lévy-Leboyer, Michel Huteau, Claude Louche, Jean-Pierre Rolland, Éditions d'Organisation, 2001.

BRUCHON-SCHWEITZER, Marilou, et FERRIEUX, Dominique, « Une enquête sur le recrutement en France », *Revue européenne de psychologie appliquée*, 41, 1, 9-17.

CHARDON, Olivier, ESTRADE, Marc-Antoine, et TOUTLEMONDE, Fabien, « Les métiers en 2015 : impact du départ des générations du baby-boom » Premières informations et premières synthèses, n° 50.1, Dares, décembre 2005.

Centre des jeunes dirigeants d'entreprise, *Le guide de la performance globale*, Éditions d'Organisation, 2004.

Commission nationale consultative des droits de l'homme : rapport d'activité 2005, La Documentation Française, 2006.

DÉSERT, Michel « La menace du stéréotype », *in Mauvaises réputations* de Jean-Claude Croizet et Jacques-Philippe Layens, Armand Colin, 2003.

DUBIGEON, Olivier, *Mettre en pratique le développement durable. Quels processus pour l'entreprise responsable ?* Village Mondial, 2002.

« Emploi, dur d'être un senior », *Acteurs publics*, n° 13, avril 2005.

ERNOULT, Victor, GRUERE, Jean Pierre, et PEZEU, Fabienne, *Le bilan comportemental dans l'entreprise*, PUF, 1984.

Fiches outils de IMS-Entreprendre pour la Cité sur toutes les étapes de recrutement (www.imsentreprendre.com).

FLANAGAN, J.C., « La méthode des « incidents critiques » » », *Revue de psychologie appliquée*, 1954, 4,2, 165-185 ; 4, 3.

GARNIER-MOYER Hélène, « Discrimination et emploi : revue de la littérature », Document d'études, n° 69, DARES, mai 2003.

GARNIER-MOYER Hélène, « Les enjeux de la discrimination positive » (http://cergors.univ-paris1.fr/observatoiredesdiscriminationsfd.htm).

GAVAND, Alain, *Le recrutement dans tous ses états*, LPM, 2002.

GAVAND, Alain, *Recrutement : les meilleures pratiques*, Éditions d'Organisation, 2005.

GAVAND, Alain, et MERCIER, Samuel, « Les attentes des salariés en matière d'éthique », in *Tous reconnus*, sous la direction de Jean-Marie Peretti, Éditions d'Organisation, 2005.

GAZIER, Bernard, *Les outils de la décision stratégique, T2 depuis 1980*, La Découverte, 2001.

GAZIER, Bernard, *Les stratégies des ressources humaines*, La Découverte, 2004.

GILLES, Marion, et LOISIL Florence, *La gestion des âges. Pouvoir vieillir en travaillant*, collection « Agir sur... » dirigée par l'ANACT et l'APRAT, Éditions Liaisons, 2003.

HALDE, Haute Autorité de lutte contre les discriminations et pour l'égalité, Rapport annuel 2005, La Documentation Française, 2006.

HUTTIN, Christian, et TARONDEAU, Jean-Claude, *Dictionnaire de stratégie d'entreprise*, Vuibert, 2001.

IGALENS, Jacques, et JORAS, Michel, *La responsabilité sociale de l'entreprise*, Éditions d'Organisation, 2002.

« La loi canadienne élimine les barrières à l'emploi pour les minorités visibles », interview de France Pelletier, *Focus RH*, 16 décembre 2005 (http://www.focusrh.com).

JEANNET, Maurice, *Le psychologue et la sélection des cadres*, Dessart Charles, Bruxelles, 1967.

JOUVE, Daniel, et MASSONI, Dominique, *Le recrutement*, « Que sais-je ? », PUF, 1996.

LANDRIEUX-KARTOCHIAN, Sophie, « La contribution des femmes à la performance ; une revue de la littérature », Document d'études, n° 83, DARES, octobre 2004.

LE BOTERF, Guy, *Ingénierie et évaluation des compétences*, 4ᵉ édition, Éditions d'Organisation, 2002.

LERAIS, Frédéric, et MARIONI, Pierre, « Accroître l'emploi des seniors : entre volontés et difficultés », Premières informations et premières synthèses, n° 04. 1, DARES, janvier 2005.

LEVY-LEBOYER, Claude, *Évaluation du personnel. Quels objectifs ? Quelles méthodes ?* 4ᵉ édition, Éditions d'Organisation, 2002.

LEVY-LEBOYER, Claude, « Problèmes éthiques posés par l'usage des tests », in *Traité de psychologie du travail*, sous la direction de Claude Lévy-Leboyer et Jean-Claude Sperandio, PUF, 1987.

Livre vert : promouvoir un cadre européen pour la responsabilité sociale des entreprises, Commission des communautés européenne, Bruxelles, 18 juillet 2001.

LYON-CAEN, Gérard, *Les libertés publiques et l'emploi*, La Documentation Française, 1992.

MARUANI, Margaret, *Travail et emploi des femmes*, La Découverte, 2003.

MERCIER, Samuel, et GON, Jean-Pascal, *Les théories des parties prenantes : une synthèse critique de la littérature, avec J.-P. Gond*, Actes du XVᵉ congrès de l'AGRH/UQAM, Montréal, 1-4 septembre 2004.

Ministère de l'Emploi, de la Cohésion sociale et du Logement et Ministère délégué à la Cohésion sociale et à la parité, « Chiffres clés de l'égalité entre les femmes et les hommes », 2005.

PERETTI, Jean-Marie, *Ressources humaines*, Vuibert, 1997.

PICHOT, Pierre, *Les tests mentaux*, PUF, 1954.

SABBAG, Daniel, « Sur la discrimination positive, il y a convergence entre les États-Unis et la France », *Le Monde*, 26-27 février 2006.

SABEG, Yazid, et MEHAIGNERIE, Laurence, *Les oubliés de l'égalité des chances*, Hachette, 2006.

SAGE, Renée, *Les difficultés de recrutement et l'attractivité des entreprises*, ANACT/Édition Liaisons sociales, 2001.

SALGADO, Jésùs F., « Pourquoi faut-il utiliser des épreuves d'aptitude mentale générale en recrutement ? » in *RH, les apports de la psychologie du travail*, sous la direction de Claude Lévy-Leboyer, Michel Huteau, Claude Louche, Jean-Pierre Rolland, Éditions d'Organisation, 2001.

Sondage de l'Institut CSA, « La lutte contre le racisme et la xénophobie : rapport d'activité 2005 », Commission nationale consultative des droits de l'homme, La Documentation Française, 2006.

Sondage réalisé par BVA, Observatoire du travail : 8ᵉ édition, « La diversité en entreprise », pour *L'Express*, en partenariat avec Bernard Brunhes Consultants, mars 2006.

SOUHAMI, Claudine, « Le chômage de personnes handicapées : portrait statistique », L'observatoire de l'ANPE, collection « Les Essentiels », septembre 2005.

TAPERNOUX, Frédéric, *Les centres d'évaluation « assessment centers », une autre méthode de sélection et d'évaluation des cadres,* Payot, 1984.

THIETART, Raymond-Alain, *La stratégie d'entreprise*, 2ᵉ édition, Édiscience International, 1993.

THOMAS, Samuel, Rapport d'analyse des affaires récentes de discriminations à l'embauche poursuivies par SOS Racisme, http://www.sos-racisme.org.

TRIBALAT, Michèle, *Faire France, une grande enquête sur les immigrés et leurs enfants,* La Découverte, 1995.

VOLKOFF, Serge, MOLINE, Anne-Françoise, et JOLIVET, Anne, « Efficacité à tout âge ? L'analyse de quelques stéréotypes », *Problèmes économiques*, n° 2690, La Documentation Française, novembre 2000.

WATSON, Warren E., KUMAR, Kamalesh, et MICHAELSEN, Larry K. "Cultural diversity's impact on interaction process and performance : comparing homogéneous and diverse task groups", Academy of Management Journal, 1993, vol. 36, n° 3, 590-602.

WIEVIORKA, Michel, *Le racisme, une introduction*, La Découverte, 1998.

Sites Internet utiles

Études, documentation et information
Études sur les discriminations : http://www.cergors.univ-paris1.fr/
 observatoiredesdiscriminationsfd.htm
 http://www.institutmontaigne.org
Droits de l'homme : http://www.commission-droits-homme.fr
Égalité homme/femme : http://www.arborus.org
 http://www.femmes-egalite.gouv.fr
Handicapé : http://www.agefiph.asso.fr
Senior (observatoire âge et travail) : http://www.vectorat.com
Études de la DARES : http://www.travail.gouv.fr
Le centre d'analyse stratégique remplace le commissariat général du plan :
 http://www.strategie.gouv.fr
Site de la Commission européenne consacré à la lutte contre les discri-
 minations : http://www.stop-discriminations.info

Cadre légal
http://www.cnil.fr
http://www.halde.fr
http://www.social.gouv.fr
Service public de l'accès au droit : www.legifrance.gouv.fr
Organisation Internationale du travail : www.ilo.org

Institutions
http://www.fasild.fr
http://www.halde.fr

Lutte contre le racisme
http://www.sos-racisme.org
http://www.mrap.asso.fr
http://www.licra.org

RSE

http://www.orse.org
http://www.novethic.fr
http://www.globalsullivanprinciples.org
http://www.globalcompact.org
http://www.sa-intl.org
http://www.ethicaltrade.org
http://www.fairlabor.org

Organismes de conseil, d'accompagnement et de formation

http://www.ims-entreprendre.com
http://www.afip-asso.org
http://www.demos.fr
Égalité homme/femme : http://www.arborus.org
Handicapés : http://www.agefiph.asso.fr
              http://www.arianeconseil.fr
http://www.geste.com
Diversity Conseil : http://www.diversityconseil.com
Diversity Source Manager : http://www.diversitysource-manager.com
Entreprise et Personnel : http://www.entreprise-personnel.com
FACEM Management : http://www.facem.net
ISM Corum : http://www.ismcorum.org
MConseil : http://www.mconseil.com

Réseaux

Expérimentation auprès de dirigeants d'entreprise : http://www.cjd.net
Association de DRH et projet de label : http://www.andcp.fr
Mise en place du CV universel et projet de label :
    http://www.ethique-et-recrutement.org
Cabinets de recrutement engagés sur les questions de discriminations :
    http://www.acompétenceegale.org
Association regroupant 120 entreprises engagées dans la RSE :
    http://www.alliance-asso.org

Testing

http://cergors.univ-paris1.fr/observatoiredesdiscriminationsfd.htm

http://www.tbwa-corporate.com

http://www.sos-racisme.org

Label

http://www.afaq.org

www.ethique-et-recrutement.org

http://www.andcp.fr

Sourcing diversifié

http://www.emploidiversite.com

http://www.afij.org

http://www.afip-asso.org

http://www.Africagora.org

http://www.apcrecrutement.com

http://www.diversité-emploi.fr

http://www.agefiph.fr

http://www.seniorjob.fr

http://www.afteris.com

http://www.quincadres.com

Syndicat du recrutement
et collectif de cabinets de recrutement

http://www.syntec-recrutement.org

http://www.acompetenceegale.org

Groupe de réflexion sur les méthodes d'évaluation

http://www.larpe.org

CV anonyme

Site intermédiaire pour mettre en place le CV anonyme : CV@nonyme :

http://www.cvanonyme.fr

Index

www.ingramcontent.com/pod-product-compliance
Lightning Source LLC
Chambersburg PA
CBHW061137220326
41599CB00025B/4272

9 782708 136397